Karl Rossel

Wiesbaden und seine Umgebungen

Ein Wegweiser für Fremde

Karl Rossel

Wiesbaden und seine Umgebungen
Ein Wegweiser für Fremde

ISBN/EAN: 9783743316973

Hergestellt in Europa, USA, Kanada, Australien, Japan

Cover: Foto ©Andreas Hilbeck / pixelio.de

Manufactured and distributed by brebook publishing software (www.brebook.com)

Karl Rossel

Wiesbaden und seine Umgebungen

Wiesbaden

und seine Umgebungen.

Ein Wegweiser für Fremde

von

Dr. Karl Rossel.

Wiesbaden:

Kreidel & Niedner, Verlagshandlung.

Vorwort.

Wiesbadens innere und äußere Verhältnisse haben in neuerer Zeit einen solchen Aufschwung genommen und im Interesse der stets wachsenden Zahl unserer Kurfremden sind so viele Anlagen und Veränderungen in und außerhalb der Stadt theils schon vorgenommen worden, theils fortwährend im Entstehen begriffen, daß schon ein längerer Aufenthalt und eine besondere Aufmerksamkeit dazu gehört, um Alles Wissenswerthe erkunden nnd auf Wegen und Stegen sich überall hin zurecht finden zu können. Die meisten unserer Gäste, denen Zeit und Gelegenheit hierzu mangelt, und die bei allfälligen Nachfragen oft nur gar unvollständigen Bescheid zu erhalten vermochten, vermißten daher schon längst eine gedruckte Anleitung, einen Führer, der in aller Kürze, aber mit möglichster Genauigkeit über alle jene Verhältnisse Auskunft ertheilte, über die der Fremde bei längerem oder kürzerem Aufenthalt an einem Orte gern orientirt sein will.

Diesem von Jahr zu Jahr mehr hervortretenden Bedürfniß bestmöglich zu entsprechen, ist die Aufgabe, welche der vorliegende Wegweiser zu lösen versucht. Der Verfasser ist sich bewußt, bei Ermittelung und Darstellung der darin niedergelegten Notizen mit aller Unbefangenheit und mit möglichster Sorgfalt zu Werke gegangen zu sein; gleichwohl kann er sich nicht verhehlen, daß eine absolute Genauigkeit und eine relative Vollständigkeit aller Einzelheiten im ersten Wurf allerdings nicht leicht zu erzielen stand, wie denn auch in der Darstellung in Beziehung auf eine möglichst gleichförmige Behandlung aller Partieen des Wegweisers manches vielleicht anders gewünscht werden mochte. Immerhin mag das Gebotene aber auch in seiner vorliegenden Gestalt den Interessen unseres Kurpublikums einige Dienste leisten; Berichtigungen und Vervollständigungen, die diesem Zwecke dienen, wird der Verfasser jederzeit aufs dankbarste entgegen nehmen und aufs beste zu benutzen streben.

Schließlich können wir nicht umhin, alle diejenigen, denen es bei den hier nur abrißweise besprochenen topographischen, medicinischen und naturhistorischen Verhältnissen um eine eingehendere wissenschaftliche Darlegung zu thun ist, auf diejenigen Quellenschriften zu verweisen, denen man überhaupt die zuverlässigsten Aufschlüsse hierüber verdankt. Da wir hierbei nur den **gegenwärtigen** Stand der Wissenschaft im Auge haben, so genügt es, aus der Masse der einschlagenden Literatur nur die **neueren** Abhandlungen und Schriften hier hervorzuheben:

Dr. Braun, Wiesbaden als Heilquelle und als climatischer Heilort. Dritte Aufl. Wiesbaden, 1856. 1 fl. 20 kr.

Dr. Fresenius, Chemische Untersuchung der wichtigsten Mineralwaſſer des Herzogthums Naſſau. 1. Wiesbaden, 1850. (Verlag von Kreidel & Niedner.) 36 kr.

Fuckel, Flora von Naſſau. Ein Taſchenbuch zum Gebrauch bei botaniſchen Excurſionen. Wiesbaden, 1856. (Verlag von Kreidel & Niedner.) 2 fl. 24 kr.

Dr. Genth, Unterſuchung über den Einfluß des Waſſertrinkens auf den Stoffwechſel. Wiesbaden, 1856. (Verlag von Kreidel & Niedner.) 42 kr.

Dr. Müller, Mediciniſche Topographie der Stadt Wiesbaden. Wiesbaden, 1846. (Verlag von Beyerle.) 1 fl. 36 kr.

Dr. Müller, Briefe über die Heilwirkungen der Thermalquellen zu Wiesbaden bei chron. Nervenleiden. Wiesbaden, 1857. (Kreidel & Niedner.) 24 kr.

Dr. Roſſel, Die kirchlichen Alterthümer von Wiesbaden, in: „Denkmäler aus Naſſau". Heft I. Wiesbaden, 1852. (In Commiſſion bei W. Roth.) 1 fl. 24 kr.

Dr. Roth, Die warmen Kochſalzquellen zu Wiesbaden. Wies=baden, 1857. Kreidel'ſche Buchhandlung. 1 fl. 30 kr.

Dr. Sandberger, Ueberſicht der geologiſchen Verhältniſſe von Naſſau. Wiesbaden, 1847. (Verlag von Kreidel & Niedner.) 1 fl. 36 kr.

Dr. Sandberger, „Ueber die geognoſtiſche Zuſammenſetzung der Gegend von Wiesbaden", in: Jahrbücher des Vereins für Naturkunde. 1850. Heft 6.

Dr. Sandberger, Die Verſteinerungen des Rheiniſchen Schichtenſyſtems in Naſſau. Wiesbaden, 1855. (Verlag von Kreidel & Niedner.) Mit Atlas in Folio. 48 fl.

Dr. Thomä, „Die Höhen des Taunus, nach barometrischen Beobachtungen ermittelt", in: Jahrbücher des Vereins für Naturkunde. 1849. Heft 4.

Dr. Vogler, Die Quellen zu Wiesbaden. Wiesbaden, (Kreidel & Niedner.) 2 fl. 42 kr.

H. Werren, Karte der Umgegend von Wiesbaden. (Verlag von Kreidel & Niedner). 1 fl. 12 kr.

Bei Beschreibung der Wanderungen in der Umgegend ist auf letztere Karte als Begleiter Bezug genommen.

Dr. Rossel.

Inhalt.

	Seite
Abamsthal	81
Adolfshöhe	69
Aerzte	8
Apotheken	9
Affifen	20
Augen-Heilanstalt	49
Aussicht, Schöne	93
Aussichtspunkte, schönste	126
Badehäuser	6
Bade-Regeln	65
Bälle	17
Bäder, kalte	14
Bankiers	10
Bibliothek, öffentliche	40
Bibliotheken, s. Leihbibliothek.	10
Bilder-Sammlung	39
Biebrich	71
Bierkeller	97
Bierstadt	97
Bierwirthschaften	9
Bingen	121
Bingert	115
Briefpost	12
Brunnen	32. 60
Buchhandlungen	10
Burg in Wiesbaden	23. 33
Burg bei Mosbach	73
Cafe's	9
Chausséehaus	80
Clarenthal	78
Conditoreien	10
Dampfschiff-Fahrten	Anh. III.
Dietenmühle	94
Diluvial-Bildungen	55
Dotzheim	76
Droschken	Anh. V.
Eberbach	119

	Seite		Seite
Eilwagen	Anh. I.	Herrn-Eichen	88
Elisabethen-Stiftung	46	Höhe (Taunus)	52
Eppstein	124	Höhenpunkte	53
Erbenheim	98	Hohe Wurzel	80
Esel	13	Holzhacker-Häuschen	81
		Hospital für Militär	35
Fasanerie	82	Hospital für Civil	45
Faulbrunnen	60	Hôtels garnis	7
Festlichkeiten	18		
Filanda	51	**Jdstein**	123
Fontainen	44	Industrie-Halle	51
Frankfurt	125	Institut, landwirthsch.	47
Frauenstein	77	Instrumente (musikal.)	10
Fremden-Frequenz	67	Johannisberg	120
Friedhof	35		
		Kafe-Wirthschaften	9
Gallerie, s. Bilder-Samml.	39	Kapelle, griechische	89
Gasthäuser	7	Kaserne für Infanterie	35
Gast- und Bade-Häuser	5	Kastell auf dem Heidenberg	31
Geisberg, s. Institut, landw.	47	Kiedrich	119
Geldgeschäfte	10	Kiefernadel-Bäder	49
Georgenborn	101	Kinderschule, s. Kleinkinder-	
Gesang, (Vereine)	15	Bewahr-Anstalt.	
Gesang, kirchlicher	16	Kirche, evangelische	33
Gottesdienste	18	Kirche, katholische	33
Graue Stein	101	Kirche, alte, bei Sonnenberg	116
Grorod	77	Kirche, s. Gottesdienste	18
Gymnasium	47	Kirchhof, s. Friedhof	35
		Kleinkinder-Bewahranstalt	45
Hammermühle	99	Klima	27
Handels- und Gewerbe-Schule	48	Kochbrunnen	42
Heilgymnastik	48	Königstein	125

	Seite		Seite
Kolonnaden	43	Nerothal, Heilanstalt	48
Konzerte	15	Nerothal-Mühle, s. Lohmühle.	112
Kranzplatz	29	Nersberg	105
Kursaal	42	Neudorf	75
Kunsthandlungen	10	Neumühle	99
Kunstverein	50	Niederwald	121
		Nürnberger Hof	76
Laboratorium	48		
Landes-Bibliothek	40	Omnibus	Anh. V.
Lebensweise des Kranken	63	Orchester	15
Leih-Bibliotheken	10	Orientirung	1—4
Leichtweis-Höhle	87		
Leihhaus	11	Palais Pauline	34
Loh-Mühle (ländl. Restaurat.)	112	Palais des Herzogs	32
		Paß-Büreau	5
Mainz	120	Pfalgraben	123
Makler des Leihhauses	11	Pfandhaus	11
Marien-Brünnchen	60	Pfarrkirche z. h. Mauritius	32
Mattiacum	22	Plätze, freie	29
Mauer, heidnische	30	Platte, Jagdschloß	85
Mauritius-Pfarrkirche	32	Polizei	5
Mauritius-Platz	29	Postverhältnisse	12
Militär-Musik	15. 16	Privat-Wohnungen	7
Mineral-Wasser	9		
Ministerial-Gebäude	34	Quellen-Analyse	57
Molkenkur	66	Quellen, warme	56
Museum der Alterthümer	37	Quellen, kalte	60
Museum der Naturgeschichte	40	Quellen, deren Wirkung	61
Musik	15		
Musikalien	20	Rambach	95
		Rathhaus	32
Neroberg, willkürlich erfundener Name	109	Rauenthal	119
		Realgymnasium	47

	Seite		Seite
Reitpferde	13	Telegraph der Taunus-Bahn	Anh. IV, a
Restaurationen	9	Telegraph, allgemeiner	Anh. IV, b.
Restaur. champêtre, s. Lohmühle		Theater	14
Reunionen	17	Thore	28
Rettungshaus, evang.	46	Tiefenthal	75
Rheingauische Bahn Anh. II, 2		Trauben-Kuranstalt	50
Rheinstein	121	Trauer-Buche	107
Riether Berg	102	Trauer-Eiche	83
Rüdesheim	120		
		Uhrthurm	31
Sauerland	29		
Saupark	86	Verlags-Geschäft	10
Schiefergestein	54	Verein für Alterthumskunde	50
Schierstein	77	Verein für Naturkunde	50
Schlangenbad	75	Verein für Kunst	50
Schläferskopf	80	Verein für Landwirthschaft	50
Schwalbach	118	Verein für Gewerbe	50
Schwimm-Anstalten	14	Verein für Seidenzucht	51
Sinter	59	Verein für Absch. b. Bettelns	52
Sonnenberg	94	Verein für Verschönerungen	52
Spielbank	16	Versorgungshaus	46
Stadtbrunnen	32	Walkmühle	103
Steinmühle	80	Wartthurm von Bierstadt	97
		Wasser-Heilanstalt	48
Tagblätter	20	Wiesenbrünnchen	60
Taunus, s. Höhe.		Winterkur	66
Taunus-Bahn Anh. II, 1			
Taunus-Schiefer	53	Zeitungen	21
Tavaleren des Peilhauses	11	Zimmermann'sche Stiftung	46

Ueberblick.

Es muß dem Fremden, zumal wenn er nur kurze Zeit an einem Orte zu verweilen gedenkt, daran gelegen sein, sich so schnell und so leicht als möglich zu o r i e n t i r e n und zu den wichtigsten Punkten von Stadt und Umgegend selber zurecht zu finden. Von den vielen hierzu günstigen Höhepunkten wählen wir einen in möglichster Nähe der Kuranlagen gelegenen erhöheten Standpunkt, die Anhöhe über der oberen Wilhelmstraße, vorwärts dem israel. Todtenhof, rückwärts der beiden neuen Landhäuser des Herrn W. Rücker, bekannt unter dem Namen „S c h ö n e A u s s i c h t", einen Punkt, von wo aus die imposante Perspective der Wilhelmstraße, bis zum Bahnhofe hinab, in einer Länge von 1800', in schnurgrader Linie von N. nach S. vor dem Blicke des Beobachters sich ausdehnt. Niedere Höhen, nur im N. W. zu den mittelhohen Bergen Platte (1511') und hohe Wurzel (1874') ansteigend, begrenzen überall den Gesichtskreis und schließen kesselförmig jene Thalgründe ein, in denen, nordwestlich bis zu den Höhen hinansteigend, die Stadt Wiesbaden gebaut ist. Vom Beschauer zur Linken, zwischen den Vorhügeln, auf deren einem er steht und dem jenseitigen Bierstadter Berg, breitet, nach der Stadt hin sich erweiternd, das Sonnenberger Thal sich aus, in welches der K u r s a a l mit allen seinen Anlagen hinein verlegt ist, der Brennpunkt des geselligen Kurlebens der Stadt. Zur Rechten zieht sich, von der kleineren Einsenkung der Dambach abgesehen, das Nerothal bis zu den Waldhöhen hinauf, aus denen die vergoldeten Kuppeln der griechischen Kapelle hervorleuchten; in seine Verlängerung fallen die parallelen Straßen Taunus- und Nerostraße. Der Blick streift über das neue Elementar-Schulgebäude hinaus vorwärts über den Hügelrücken, Heidenberg genannt, dessen Höhe einst ein römisches Standlager beherrschte, dessen Fuße die heißen Wasser entsprudeln, denen die Bäderstadt Dasein und Ruhm verdankt, und sieht jenseits desselben, fast in parallelem Streichen von W. nach O., ein weiteres Thal gegen die Stadt sich öffnen, das vereinigte Walkmühl- und Wellritz-Thal, während eine sanft ansteigende Fläche gegen die Höhe hinzieht, die in der Entfernung einer Wegstunde bei Schierstein und Biebrich zum rechten Ufer des Rheines sanft abfällt. An der tiefsten Stelle, wo diesseits die sanften Gehänge des Mosbacher Berges und jenseits die Ausläufer des Bierstadter Berges zum Thalweg der Salzbach (Mühlenthal) sich verflächen, liegt der Bahnhof der Taunus-Eisenbahn und der Rheingauer-Bahnhof, und das Auge kehrt mit der genau von S. nach N. weisenden Linie der Wilhelmsstraße wieder zu seinem Ausgangspunkte zurück. Vier Hauptlandstraßen führen von den verschiedenen Seiten her nach der Stadt. Von Ems und Schwalbach über die hohe Wurzel herabsteigend und die Thäler der Wellritz und Walkmühle durchschneidend, kommt die Lahnstraße, die dicht vor der Stadt, am jenseitigen Abhang des Heidenbergs mit der Limburger Straße zusammentrifft, die auf der Hochebene über dem

Nerothal zum Gebirg hinansteigend bei dem Jagdschloß „Platte" die Kammhöhe des Taunus überschreitet; nach Süden öffnet sich die breite mit einer doppelten Kastanien-Allee bepflanzte Straße über den Mosbacher Berg, die sich bei Mosbach in die Mainzer Straße und in die nach dem Rheingau führende abzweigt; nach Osten zieht sich, den Ausläufern des Bierstadter Berges, gen Erbenheim hinan die mit Obstbäumen garnirte Frankfurter Straße. Die gut unterhaltenen Verbindungswege nach Sonnenberg (Rambach, Naurod, Idstein), Dotzheim (Frauenstein) und Schierstein sind als Straßen zweiten Rangs zu betrachten. Den lebhaftesten Verkehr vermittelt jedoch die seit 1838 eröffnete Taunus-Eisenbahn durchs Mühlenthal, die bei Castel den Rhein berührt und so die Städte Frankfurt, Mainz und Wiesbaden in die innigste Verbindung setzt. Eine zweite Bahn, die Anfangs neben der Taunus-Eisenbahn herlaufend eine Wegstunde von hier nach W. abbiegt, um Eltville und den ganzen Rheingau bis Rüdesheim und demnächst weiter hinab mit der Hauptstadt des Landes in Verbindung zu setzen, ist erst neuerdings dem Verkehr übergeben worden.

Von diesen Ausgangspunkten zur Stadt selbst zurückkehrend, vermißt das Auge mit Bedauern die hervorragenden Punkte, Thürme, Mauern oder stattliche Gebäude, die sonst zumal älteren Städten ihr charakteristisches Gepräge verleihen. Der einzige von den ehemaligen festen Thürmen, der jetzt beinahe im Mittelpunkt der Stadt gelegene s. g. Uhrthurm, der im Jahre 1751 bereits um ein Stockwerk erniedrigt wurde, bezeichnet weithin den oberen Ausgang des Marktplatzes, überhaupt den Mittelpunkt des städtischen Verkehrs. Mehr im Vordergrunde des Beschauers verräth ein kleineres auf dem Hospital-Gebäude angebrachtes Thürmchen die Nähe der Kochbrunnenquelle; ein anderer unbedeutender Thurm (im Garten des Gasthauses zum Adler) bezeichnet das Gebäude, worin die reformirte Gemeinde vor der im Jahre 1817 statt gehabten Vereinigung mit der lutherischen ihren Gottesdienst hielt. Am südlichen Ende der Stadt ragt das Gebäude der römisch-katholischen Kirche hervor, deren beide Thürme noch unvollendet sind; die ältere, im Jahr 1488 erbaute und im Jahre 1717 erweiterte evangelische Kirche ist am 27. Juli 1850 niedergebrannt und deren Ruine im Jahre 1853 abgetragen worden; die neue Kirche, in der Nähe des Marktplatzes, den herzoglichen Schloßgebäuden gegenüber gelegen, bereits ihrer Vollendung ziemlich nahe, bekundet auch in der Ferne die großartigen Verhältnisse ihrer Anlage. Eine angenehme Abwechslung in dem Gewirre der Häuser und Straßen bietet ein gegen den Heidenberg hin ansteigender mit schattigen Baumgruppen besetzter Platz; es ist der Ruheplatz der Todten, die seit 1596 bis zum Jahre 1832 hierher beerdigt wurden. — Damals ward ein von der Stadt weiter entfernter Friedhof, oberhalb dem Nerothal an der Straße nach Limburg, angelegt und seitdem mehrfach vergrößert, den einzelne höhere Monumente, zwischen Baumgruppen malerisch versteckt, auch von unserm Standpunkt aus nicht undeutlich erkennen lassen. — Auf die einzelnen Sehenswürdigkeiten im Innern der Stadt werden wir später zurückkommen.

I.
Wissenswerthe Bemerkungen für Fremde.

1. Das Herzogliche Polizei-Commissariat (Chef: Polizeirath v. Rößler, Langgasse 5.) ertheilt bereitwillig jede wünschbare Auskunft über Alles, was dem Kurfremden von Interesse sein möchte. Sollte der Fremde in irgend welchen hiesigen Einrichtungen einen Anstand oder Anlaß zu einer Beschwerde finden, so wird hier ausdrücklich gebeten, solche unverweilt zur Anzeige bringen zu wollen, damit die Behörde das Geeignete verfügen könne. Bei jeder irgend begründeten Beschwerde darf der Fremde auf die prompteste Zufriedenstellung rechnen. — In dem Lokale derselben Behörde (Langgasse No. 5.) befindet sich auch

2. Das Paß-Bureau

und sind für die betreffenden Geschäfte die Stunden Vormittags von 8—12 und Nachmitt. von 3—6 Uhr bestimmt.

3 Gast- und Bade-Häuser.

1. Zu den vier Jahreszeiten, in Verbindung mit dem Hôtel Zais (Wilhelmstraße No. 4.), dem Kursaal und den Promenaden gegenüber, am Theaterplatz, mit 44 Bädern. — 2. Zum Adler (Langgasse No. 11.), mit 75 Bädern, dabei ein großer Garten, umfaßt zugleich das

Lokal der Fahr- und Briefpost. — 3. Zum Nassauer Hof, am Theaterplatz, mit 14 Bädern. — 4. Zur Rose, (Kranzplatz 3.) aus zwei Badhäusern mit 51 Bädern und einem Gartenhaus bestehend.

4. Badehäuser.

1. Römerbad, mit 27 Bädern — No. 3.
2. Europäischer Hof mit 33 Bädern — No. 5. am Kochbrunnen.
3. Weißer Schwan, „ 32 „ — No. 1.
4. Weißes Roß, „ 22 „ — No. 2.
5. Rose, s. Gast- und Badehäuser.
6. Englischer Hof, mit 32 Bädern — No. 11.
7. Schwarzer Bock, „ 36 „ — No. 12. am Kranzplatz.
8. Engel, „ 33 „ — No. 6.
9. Spiegel, „ 37 „ — No. 10.
10. Pariser Hof, „ 26 „ — No. 8. Spiegelgasse.
11. Goldenes Kreuz, „ 24 „ — No. 4.
12. Goldene Kette, mit 18 Bädern — No. 22.
13. Goldene Krone, „ 37 „ — No. 13. Langgasse.
14. Goldener Brunnen, „ 14 „ — No. 12.
15. Zum Bären, „ 70 „ — No. 27.
16. Adler, s. Gast- und Badehäuser.
17. Reichsapfel, „ 28 „ — No. 46. Webergasse.
18. Stern, „ 24 „ — No. 1.
19. Kölnischer Hof, mit 21 Bädern, No. 10. Kl. Burgstr.
20. Vier Jahreszeiten,
21. Nassauer Hof, } s. Gast- und Badehäuser.
22. Kaltwasser-Heilanstalt, bei Löwenherz im Nerothal.

Außerdem gibt es noch eine ziemliche Anzahl recht guter, aber kleinerer Badehäuser, zu geringeren Preißen.

5. Gasthäuser.

1. **Hôtel Victoria** ⎫ den Bahnhöfen unmittelbar
2. **Taunus-Hôtel** ⎬ gegenüber.
3. **Hôtel de France** (Friedrichsplatz No. 1.).
4. **Grüner Wald** (Marktstraße No. 35.).
5. **Zum Einhorn** (Marktstraße No. 46.).

6. Logir-Häuser (Hôtels garnis).

Viele Privathäuser, besonders im Quellenrevier, sowie viele Landhäuser in der Nähe des Kursaals, sind ganz oder abtheilungsweise zur Aufnahme von Fremden bestimmt. Ganz hierzu eingerichtet sind

1. **Hôtel Zais** (Wilhelmstraße No. 4.).
2. **Alleesaal** (Taunusstraße No. 28.).

7. Wohnungsverhältnisse.

Wer seiner Gesundheit wegen die hiesigen Quellen aufsucht und daher längere oder kürzere Zeit sich hier aufzuhalten genöthigt ist, der wird wohl thun, sich zum Voraus in einem Bade- oder Gasthaus die erforderliche Anzahl Zimmer und Betten mit Angabe der Etage und der muthmaßlichen Dauer des Aufenthalts, zu bestellen. Für die Sommermonate ist wegen zeitweiser Ueberfüllung von Gästen diese Vorsicht doppelt nöthig. Die Preiße der Wohnungen sind natürlich nach ihrer Lage, Größe, Einrichtung und nach der Zeit, in welcher man miethet, sehr verschieden. Für diejenigen, welche Privatwohnungen vorziehen, ist hier in den zur Kur am günstigsten gelegenen Straßen reichliche Auswahl an möblirten Wohnungen; gerade die anmuthigst gelegenen Landhäuser dienen vorzugsweise den fremden Gästen zum Aufenthalt, von denen eine ansehnliche Zahl auch den Winter hier zubringt. Diese Wohnungen werden gewöhnlich wochenweise vermiethet. Ueber die Preiße lassen sich im Allgemeinen feste Normen nicht aufstellen. Am theuersten ist der Aufenthalt in den Kurmonaten Juli und August; einen mittleren Preis behaupten die Wohnungen in den Monaten Mai, Juni, September und October; während der Wintermonate November bis April ist die Auswahl am größten und der Miethpreis allenthalben so billig als möglich gegriffen. Alle Privatwohnungen stellen auch Frühstück. — Brauchbare Personen zur Besorgung von allerlei Diensten, zum Reinigen der Wäsche, der Kleider und Stiefeln, sowie Barbier, Friseur, Schneider, Schuhmacher, Lohnbediente u. s. w. lasse man sich von seinem Hausherrn zuweisen.

8. Ausübende Aerzte.

Practicirender Arzt Dr. Braun. Zahn-Arzt W. Cramer. Bataillonsarzt Dr. Dörr. Ober-Stabsarzt Dr. Ebhardt. Geh. Hofrath Dr. Fritze. Dr. Genth, Director der Heilanstalt, Nerothal. Dr. Gräfe. Medicinalrath Dr. Haas. Dr. Huth. Medic.-Accessist Dr. Ilgen. Medic.-Assistent Dr. Jäger. Regimentsarzt Dr. Kirsch, homöopathischer Arzt. Regimentsarzt Dr. Mahr. Ober-Medicinalrath Dr. Müller. Medicinalrath Dr. Reuter. Medic.-Accessist Dr. Roth. Hofrath Dr. Pagenstecher, Director der Augenheilanstalt. Ober-Medicinalrath Dr. Vogler. Hofrath Dr. Weisenthal, Director der Elisabethen-Stiftung. Medicinalrath Dr. Zais.

9. Apotheken.

Lade'sche Hof-Apotheke (Langgasse 40.). Apotheke von E. Schellenberg (Langgasse 32.). Hirsch-Apotheke von Dr. Hoffmann (Marktstraße 4.).

10. Mineralwasser-Verlag.

Sämmtliche bei Kuren verordnete Mineralwasser sind immer in frischer Füllung zu haben bei Wasserhändler Wirth (Taunusstraße 7.).

11. Restaurationen und Kafe-Häuser.

1) Im Kursaal Table d'hôte Nachmittags 1 Uhr und 5 Uhr; zur Kurzeit jeden Nachmittag Militairmusik, außerdem wöchentlich öfters Abend-Musik um 8½ Uhr. 2) Bei G. Hofmann (Webergasse 39.) Mittagessen von 12—2 Uhr, nach der Karte den ganzen Tag. 3) Bei H. Dietrich (Webergasse 41.) ebenso. 4) Bei Christmann (Sonnenberger Thor 6.). 5) Bei H. Engel (Langgasse 18.). 6) Bei E. Abler (Kranzplatz-Ecke). 7) Café Ott (Mühlgasse 2.).

12. Bierwirthschaften.

a. In der Stadt: Bei J. Poths (Langgasse 43.), bei H. Engel (Langgasse 18.), bei B. Weygandt, vom Volkswitz „zur Muckerhöhle" genannt, (Goldgasse 11.), zur Stadt Frankfurt (Obere Webergasse 38.), zum Felsenkeller (Taunusstraße 18.).

b. Nahe bei der Stadt: Auf dem Riether Berg (Weg nach Clarenthal), auf dem Bierstadter Berg (Weg nach Bierstadt), bei G. Hahn (Nerothal 5.), bei A. Herz auf der Lohmühle (Nerothal 9.), zur Adolfshöhe auf dem

Mosbacher Berg. — Die übrigen sind bei den Spazierwegen angeführt.

13. Conditoreien.

Bei A. Röder, Hofconditor (Webergasse 3.), H. Wenz Sonnenberger Thor 5.), H. Wagner (Webergasse 14.), W. Schlemmer (Langgasse 39.).

14. Buch- und Kunst-Handlungen.

1) Die Ch. W. Kreidel'sche Buchhandlung und Leih-Bibliothek in drei Sprachen (Inhaber Juranw und Hensel) (Langgasse 25.), 2) Verlagshandlung von Kreidel und Niedner (Kapellenstraße 8.), 3) H. Ritter'sche Buchhandlung (Langgasse 21.), 4) Buch- und Kunsthandlung, auch Leih-Bibliothek von W. Roth (Webergasse 7.), 5) L. Schellenberg'sche Hof-Buchhandlung (Langgasse 34.).

15. Musikalien und Instrumente.

Musikalien haben auf Lager die oben genannten Buchhandlungen von Kreidel, Roth und Ritter, sowie die Musikalienhandlung von E. Wagner (Taunusstraße 25.). — Pianoforte-Fabrik von W. Wolff (Luisenplatz 5.) und K. Wolff (Langgasse 26.); Pianos und andere Instrumente verleihen und verkaufen: Musicus Röder (Webergasse 4.), Musicus Hirsch (Taunusstraße 25.).

16. Bank- und Wechsel-Geschäfte.

1. Marcus Berle, Commercien-Rath (Webergasse 16.).
2. Raph. Herz Sohn (Taunusstraße 30.).
3. E. Kalb Sohn (Hôtel Zais, Theaterplatz).
4. H. Strauß (Sonnenberger Thor 6.).

Eine Reductions-Tabelle der wichtigsten Sorten enthält der Anhang VII.

17. Pfandhaus.
(Leihhaus-Anstalt.)

Diese durch die Verordnung vom 21. April 1827 ins Leben gerufene städtische Anstalt hat sich seit ihrem 30jährigen Bestehen durch die reelle und prompte Hülfe, die sie Fremden und Einheimischen in Geldverlegenheiten gewährt, als eine wahrhaft wohlthätige erwiesen. Fremde, die irgendwie vorübergehend in eine solche Lage gerathen, und nicht noch anderweite Verluste erleiden wollen, sollten nie bei andern Personen Hülfe suchen, als bei einem der vereidigten Makler oder Taxatoren des Pfandhauses. Nach dem Gesetz (§. 27) genießt nämlich die Leihhaus-Anstalt in der Stadt Wiesbaden das ausschließliche Recht, Geld auf Pfänder zu leihen. Eingriffe in dieses Recht werden als Wucher bestraft.

Das Lokal der Anstalt (Neugasse 11.) ist täglich Vormittags von 8—12 Uhr und Nachmittags von 3—6 Uhr dem Publikum geöffnet. In diesen Stunden kann sowohl die Anlegung als die Auslösung der Pfänder persönlich oder durch die verpflichteten Makler Wilhelm Löw, (Neugasse 11.) und Schneidermeister Friedersdorf, (Kl. Burgstraße 9.) geschehen.

Als Taxatoren sind ernannt und vereidigt: für Metalle (Gold, Silber, Pretiosen u. dgl.): Goldarbeiter Rohr (Goldgasse 17.) — für Kleider, Leinen, Betten u. dgl.: Tapezirer Nefferdorf (Friedrichstraße 28.) und Schneidermeister Ph. Rossel (Goldgasse 4).

Außer den verpflichteten Maklern, welche instructionsmäßig 1) für Anlegung eines Pfandes von jedem Gulden

Darlehen 1 Kreuzer; 2) für Erneuerung des Pfandscheins 6 Kreuzer; 3) für Auslösung eines Pfandes 20 Kreuzer; 4) für Abholen des Mehrerlößes 6 Kreuzer — anzusprechen haben, darf keine bei dem Pfandhaus angestellte Person irgend eine Gebühr fordern. Die Anstalt selbst hat nur die 10 procentigen Zinsen und die im Pfandscheine einge=schriebene Taxationsgebühr zu beziehen.

Beschwerden gegen das Leihhaus=Personal sind bei dem Directorium der Anstalt (Stadtvorsteher Nicol, Taunusstraße 30.) anzubringen.

18. Post=Verhältnisse.

Die allgemeinen Bestimmungen des deutsch=öster=reichischen Postverbandes sind bekannt. Ankunft und Ab=gang der Eilwagen siehe im Anhang I. Das Post=Bü=reau ist geöffnet im Sommer von Morgens 7 bis Abends 8 Uhr, im Winter (October bis März) von Morgens 8 bis Abends 7 Uhr. — Briefkasten zum Einwurf be=finden sich an vier Orten in der Stadt: 1) an dem Post=Büreau (Langgasse 11.), 2) am Friedrichsplatz 2., 3) in der Rheinstraße 13., den Bahnhöfen gegenüber, 4) in der Taunusstraße 23.

19. Eisenbahn=Züge.

Die Taunus=Bahn (von Frankfurt über Castel) und die Rhein= und Lahn=Bahn (von Rüdesheim über Eltville) nach Wiesbaden münden beide in die Rhein= und Wilhelm=straße aus und ihre Bahnhöfe liegen am untern Ende der Rheinstraße neben einander. Abgang und Ankunft der Züge nebst Tarif siehe im Anhang II.

20. Dampfschiff-Fahrten.

Den Fahrten-Plan der Dampfschiffe von Biebrich ab siehe im Anhang III.

21. Telegraphen-Benutzung.

Die Depeschen zwischen hier und Frankfurt besorgt die Taunus-Bahn-Station. Für den allgemeinen Verkehr dient die Königl. Preuß. Telegraphen-Station (Rheinstraße 8.). Ueber die Benutzung beider Anstalten siehe die näheren Bestimmungen im Anhang IV.

22. Droschken-Fuhrwerk.

Durch Omnibus, Droschken und elegante Wagen ist für das Bedürfniß in ausgiebiger Weise gesorgt. Die von dem Herzoglichen Polizei-Commissariat festgestellten Tarife folgen im Anhang V.

23. Esel.

Die Esel und gewöhnlichen Reitpferde, deren man sich zu Ausflügen in die Umgegend gern und häufig bedient, sind in stattlicher Auswahl am obersten Ende der Wilhelmstraße, Eingangs der Fahrstraße nach Sonnenberg, aufgestellt und können hier zu jeder Zeit bestellt oder mitgenommen werden. Nach allen Ausflug-Orten der Umgegend bestehen fest normirte Taxen, die an Ort und Stelle angeschlagen sind. Das Nähere siehe im Anhang VI.

24. Reitpferde.

Zugerittene Pferde besserer Gattung verleiht Bereiter Salts (Luisenstraße 1.); ebendaselbst Reit-Unterricht für Damen und Herren.

25. Schwimm-Bäder.

Im Rhein bei Biebrich ist sowohl zum Schwimmen im offenen Flusse — wozu man in einem Nachen nach der bei der gegenüber liegenden Au abgesteckten Stelle sich übersetzen läßt — als auch zum Baden in geschlossenen Badehäuschen, oberhalb des Gasthauses zum Rheinischen Hof, die erfreulichste Gelegenheit. Wer die Züge der Taunus-Bahn benutzt, gelangt ohne Erhitzung ans Ufer des Flusses. Schwimm-Unterricht wird ertheilt in der unterhalb dem Schlosse belegenen Schwimm-Anstalt der Biebricher Garnison. — Außerdem befindet sich nahe bei der Stadt ein schöner, auch zum Schwimm-Unterricht viel benutzter Bade-Teich, vom reinsten Bachwasser, unmittelbar hinter der Wasser-Heilanstalt des Herrn Löwenherz (im Nerothal 8.).

26. Theater.
Intendanz: Flügeladjutant Freih. v. Bose.

Für die Genüsse, welche eine gut eingerichtete Bühne dem Geschmack des gebildeten Publikums zu bieten vermag, ist hier das ganze Jahr hindurch aufs ansprechendste gesorgt. Das Theater-Gebäude, im Jahr 1828 aus städtischen Mitteln errichtet und seitdem, ebenfalls auf Kosten der Stadt umgebaut und erweitert, entspricht durch Lage und Bauart allen billigen Ansprüchen an eine solche Anstalt. Die Unterhaltung des Schauspieler-, Sänger- und Orchester-Personals, der Dekorationen u. s. w. wird mit einem Kostenaufwand von dermalen ca. 100000 fl. jährlich theils aus der Landes-Steuer-Kasse, theils aus der herzoglichen Schatulle und aus städtischen Mitteln, theils auch — und neuerdings in sehr bedeutendem Umfange — von der Kurhaus-Actien-Gesellschaft bestritten. — Zu jeder Zeit bildete das Theater einen mächtigen Anziehungspunkt, zumal für die Gäste unserer Wintersaison. Wöchentlich finden an 5 Abenden Vorstellungen statt; Anfang halb 7 Uhr. In den Sommermonaten pflegen die ausgezeichnetsten Sänger, Sängerinnen und andere dramatische Kunstnotabilitäten bei uns zu gastiren, wodurch den Kurgästen nicht selten Gelegenheit zu den interessantesten Kunstgenüssen geboten wird.

27. Musikalische Unterhaltungen.

Wiesbaden enthält eine reichhaltige Auswahl musikalischer Kräfte, die nicht selten zu musikalischen Aufführungen zusammen treten. Besondere Erwähnung verdienen: 1) das **Theater-Orchester**, zum Theil aus Virtuosen bestehend; 2) die **Militair-Musik**, welche täglich Nachmittags von 4 bis 6 Uhr hinter dem Kursaal Harmonie-Musik aufführt; 3) die **Gesangvereine** (Cäcilien-Verein und Männergesang-Verein) wirken bei einzelnen Konzerten, besonders regelmäßig im Winter, mit dem Orchester zusammen und werden dabei von einzelnen Künstlern unterstützt. — Größere **Konzerte** pflegen im Sommer im großen Saale des Kursaals, im Winter im großen Saale des Gasthauses zum Adler, kleinere Sommers im Reunions-Saale des Kursaals, Winters im grünen Saale des Adlers statt zu finden. — Die **Morgenmusik** während des Brunnentrinkens am Kochbrunnen, von 14 Mitgliedern des Orchesters, wird auf Kosten der Stadt bestritten. Diese sowie überhaupt alle musikalische Produktionen am hiesigen Orte werden, mit Ausnahme der Konzerte, unentgeldlich dargeboten. — Freunde des Kirchengesangs werden in der römisch-katholischen Kirche, sowie beim russisch-katholischen Gottesdienst in der griechischen Kapelle (Sonntag Vormittags 10 Uhr) häufig derartigen Vorträgen beiwohnen können.

Zu den beliebtesten musikalischen Genüssen gehören sodann die Productionen der preußischen und österreichischen Militair-Musiken, die jeden Freitag Nachmittag in der neuen Anlage bei Mainz ein zahlreiches Publikum um sich versammeln.

28. Spiel-Bank.

Für die „Privilegirte Bank in Wiesbaden" gelten nachfolgende, vom Herzoglichen Polizei-Commissariat unterm 1. April 1857 publicirte Bestimmungen:

Spiel-Ordnung. Die Spiele beginnen um 11 Uhr Vormittags und werden ununterbrochen bis um 11 Uhr Nachts fortgesetzt, mit Ausnahme der Sonn- und Feiertage, wo die Spiele von 1 bis 3 Uhr Nachmittags geschlossen bleiben. An Ball- und Reunionstagen kann das Spiel fortgesetzt werden.

Spiel-Regeln. 1. Kein Satz aufs Wort wird gehalten, wenn nicht der Ausspielende sagt: Ça va! Es gilt!

2. Sowie der Ausspielende beim Trente et quarante gesagt hat: Le jeu est fait! und beim Roulette: Rien ne va plus! — gilt kein Satz für den Stich mehr, selbst wenn aus Mangel an Zeit das Geld nicht zurückgeschoben werden könnte.

3. Die Bank ist für die Irrthümer, welche unter den Setzenden etwa entstehen, nicht verantwortlich.

4. Sobald beim Trente et quarante die Karten geprüft und der Gallerie überliefert sind, ist die Bank für deren Richtigkeit nicht mehr verantwortlich.

5. Für Sätze in falschem oder beschnittenem Geld wird eine Zahlung nicht geleistet.

5. Jeder Satz muß offen und unbedeckt gesetzt werden; Papiergeld wird nicht gehalten.

 Anm. Papiergeld, Banknoten und andere auf den Inhaber lautende Werthpapiere, welche Kurs haben, werden an den Spieltischen und auch an der Kasse umgewechselt.

7. Darlehen werden von der Bank nicht gegeben.

8. Der höchste Einsatz auf eine Chance beim Trente et quarante ist 400 Friedrichsd'or und der niedrigste 2 Gulden; beim Roulette der höchste Einsatz auf eine Chance 400 Friedrichsd'or und auf eine Nummer 12 Friedrichsd'or, der niedrigste dagegen 1 Gulden.

9. Fällt ein Geldstück oder ein anderer Gegenstand beim Drehen in die Scheibe des Roulette, so gilt der Wurf nicht.

29. Bälle und Reunionen.

Herzogl. Kurhaus-Commissär: Polizeirath v. Rößler (Langg. 5.).

Tanzlustige finden zu ihrem Vergnügen während der Sommermonate die mannichfaltigste Gelegenheit. Jeden Mittwoch findet im großen Saale des Kursaals großer Ball statt, wozu jedem anständig gekleideten Fremden der Zutritt offen steht.

Tanz-Reunionen, für einen engeren Kreis von Theilnehmenden der höheren Stände bestimmt, werden während der Saison jeden Samstag im Reunions-Saale des Kursaals gegeben. Der Eintritt findet gegen Vorzeigung einer Karte statt, welche der Kurhaus-Commissär ausgibt.

30. Festlichkeiten.

Am Geburtstag des Herzogs Adolf (24. Juli) finden Paraden, musikalische Aufführungen hinter dem Kursaal mit doppeltem Orchester, Volksfeste auf dem Nersberg und andere Feierlichkeiten statt.

31. Gottesdienste.

1. Evangelische Kirche.

Dekan: Eibach (Luisenstraße 22.).

Predigt: Vormittags 9½ Uhr) im herzoglichen Schloß-
Nachmittags 2 Uhr) Gebäude.

Betstunde: 10 Uhr in der neuen Schule (Bergstraße).

2. Römisch-katholische Kirche.
(Luisenplatz.)

Dekan: Petmecky (Friedrichstraße 30.).

Im Sommer:

a. An Sonn- und Feiertagen:

Erste heilige Messe um 6 Uhr
Zweite „ „ „ 7 „
Dritte „ „ „ 11 „
Hochamt und Predigt „ 9 „
Andacht mit Segen oder Christenlehre um 2 Uhr.

Jeden dritten Sonntag des Monats Nachmittags 2 Uhr sacramentarische Bruderschafts-Andacht und Umgang mit dem Allerheiligsten.

 b. an Werktagen:

Täglich heilige Messe um 6 Uhr und um 9 Uhr. Außerdem jeden Montag, Donnerstag und Samstag um 7 Uhr: Schulmessen.

Im Winter:

 a. An Sonn- und Feiertagen:

Erste heilige Messe um		7 Uhr
Zweite „ „ „		8 Uhr
Dritte „ „ „		$11^1/_2$ „
Hochamt und Predigt „		$9^1/_2$ „

Andacht mit Segen oder Christenlehre um 2 Uhr.

 b. An Werktagen:

Erste heilige Messe um 7 Uhr
Zweite „ „ „ 9 „

Schulmessen um 8 Uhr.

Bruderschafts-Andacht u. s. w. zu denselben Tagen und Stunden wie im Sommer.

3. Griechisch-katholische Kirche.

Pastor: **Mathwejewsky** (Kapellenstraße 9.).

In der griechischen Kapelle auf dem Nersberg jeden Sonn- und Feiertag Vormittags 10 Uhr Liturgie mit dem Chor-Sängerpersonal; am Vorabend der großen Feiertage Abends 6 Uhr Abendgottesdienst mit 2 Sängern

4. **Deutsch-katholischer Gottesdienst.**
Prediger: Hiepe (Nerostraße 38.).
Alle 14 Tage, Vormittags 9 Uhr, im Saale des Pariser Hofes in der Spiegelgasse.

5. **Anglikanischer Gottesdienst.**
Geistlicher: Rev. Sheppard (Sonnenberger Landstraße 6.).
Vormittags 11 Uhr, Winters im Saale des Badhauses zur Rose, Sommers im Lokale der evangelischen Kirche im Schloß.

6. **Israelitischer Gottesdienst.**
Rabbi: Dr. Süskind (Schwalbacher Straße 8.).

Jeden Freitag Abend Gottesdienst um halb 8 Uhr
Jeden Sabbath: Morgen-Gottesdienst um 7½ Uhr, Predigt um 8 Uhr
} in der Synagoge (Schwalbacher Straße 14.).

32. Gerichts-Verhandlungen.

Das Schwurgericht hält regelmäßig jedes Quartal eine Sitzung, deren Dauer in der Regel auf einige Wochen sich erstreckt. Die Verhandlungen sind öffentlich und werden in dem Assisen-Saale (Hinterhaus des Schützenhofs, Langgasse 5.) abgehalten. Der Gegenstand jeder einzelnen Verhandlung wird durch das Tagblatt bekannt gemacht.

33. Oeffentliche Blätter.

Wiesbadener Tagblatt
„   Kur- und Fremden-Liste
} Verlag der Schellenberg'schen Hof-Buchhandlung (Langg. 24.).

Wiesbadener Sonntagsblatt: Redacteur Christ. Höppl (Langgasse 21.).

" Kurkalender: Redacteur Dr. Haas (Taunusstraße 20.)

Mittelrheinische Zeitung: Redacteur Dr. Reisinger (Langgasse 21.).

Nassauische Zeitung: Redacteur B. Scholz (Ober-Webergasse 19.)

II.

Geschichtliche, topographische und statistische Uebersicht.

A. Geschichte der Stadt.

Wenige Städte Deutschlands reichen mit ihrer Geschichte in eine höhere Vergangenheit hinauf, als unsere Bäderstadt. Von den frühesten germanischen Bewohnern zwar, deren Hügelgräber in den Wäldern der Umgegend (Walddistrikt Höllkund und Geishecke bei Wiesbaden, Bauwald bei Naurod, Burg bei Rambach, Ruhehaag bei Dotzheim) zum Theil geöffnet hervorragen, zum Theil noch unberührt stehen, hat sich keine sichere Kunde erhalten; erst die Eroberungen und Ansiedlungen der Römer zu beiden Seiten des Rheinstroms geben zu friedlichen und feindlichen Berührungen Anstoß und eröffnen einzelne wenig zusammenhängende Berichte ihrer Schriftsteller über Land und Volk unserer Gegend. In Verbindung mit dem nahen Mogontiacum (Mainz), dem Hauptstandort der Legionen Ober-Germaniens, erstanden bald auch auf den Höhen des Taunus befestigte Niederlassungen und um die warmen Quellen zu Mattiacum, wie unsere Stadt als Hauptort im Lande der Katten genannt wird, erhob sich bald eine ansehnliche Niederlassung, mit Bädern, Tempeln und Prachtgebäuden, denen das von der 14. Legion erbaute Kastell auf dem Heidenberg mit seinen 28 Thürmen zur Schutzwehr diente. Hauptsächlich in der Nähe der beiden mächtigsten Quellen, am Fuße des niedrigen Bergrückens, an dessen Fuße jetzt die Kirchgasse, Langgasse und der Kranzplatz bis zum Badhaus zum Römerbad sich ausdehnen, haben wir das eigentliche r ö m i s ch e Wiesbaden zu suchen und wir dürfen eine starke Benutzung unserer Heilquellen und einen ziemlich lebhaften Geschäfts- und Handelsverkehr — nach zahlreichen gefundenen Inschriften — hier voraussetzen. Als eines interessanten Handels-Artikels aus der römischen Bäder-Industrie möge jener mattiakischen Seifenkugeln, die man ohne Zweifel aus dem rothfärbenden Kalksinter unserer Quellen zu bereiten wußte, gedacht werden, deren sich eitle römische Frauen der Kaiserzeit zu bedienen pflegten, um grau werdendes Haupthaar röthlich zu färben. — So genoß Stadt und Volk der Mattiaken, wie die kattischen Bewohner dieser Gegend von dem Hauptort des Landes genannt wurden, unter römischer Herrschaft einige Jahrhunderte hindurch eine gewisse Blüthezeit, und erreichte eine nicht geringe Stufe der Kultur, bis die Völkerstürme der Alemannen seit dem 3. Jahrhundert die römischen Grenzen zu durchbrechen anfingen und bald auch am Taunus der römischen Herrschaft ein Ende machten. Aus dieser a l e m a n n i s ch e n und der mit dem Ende des 5. Jahrhunderts ihr folgenden f r ä n k i s ch e n Periode sind wiederum nur spärliche Nachrichten auf uns gekommen; Gräber dieser Völkerschaften aber, theils einfach in die Erde geschnitten, theils mit Steinplatten umstellt, haben sich am Südwest-Ende der Stadt, bei Anlage der beiden Kasernen und der angrenzenden Straßen in auffallender Menge vorgefunden, fast alle mit den Eisenwaffen jener Völker und anderen charakteristischen Geräthen ausgestattet. Aus dieser Periode rührt das große Leichenfeld zu beiden Seiten des Schiersteiner Weges und die noch stehende „Heidenmauer" her. In dieselbe Zeit reichen die frühesten Spuren christlicher Sitte hinauf, wie eine römisch-christliche Inschrift des Museums und die vor Kurzem auf dem ältesten Kirchhof am Mauritiusplatz gefundenen Steinsärge beweisen. — Stadt und Land war zu diesen Zeiten Reichs-Gau — Kunigisfunderon wird er genannt — und die deutschen Könige waren seit dem Vertrag zu Verdun (843) Eigenthumsherren der Stadt. Nicht selten war das alte Wisibadun, wo ein auf römischen Fundamenten errichtetes umfangreiches Saalgebäude sich oberhalb dem Kochbrunnen erhob, ihr Absteige-Quartier. So verweilten hier Kaiser Otto I. 965 (12. April) und Heinrich V. 1123 (25. März). Im Laufe des 11. Jahrh. wird sodann, wie auch in andern Gegenden, der Uebergang unseres Gaues aus unmittelbarem Königsgut in die Hände der Grafen von Nassau sich bewerkstelligt haben, von denen die frühesten namentlichen und sicheren Nachrichten jedoch erst aus dem 12. Jahrh. vorliegen. Ueber die hiesige Pfarrkirche verfügt noch König Friedrich II. (1215) — zu Gunsten des deutschen Ordens — ganz in seiner Eigenschaft als königlicher Eigenthümer. Die Burg der nassauischen Grafen aber lag, von tiefen Gräben umgeben, etwa im Mittelpunkte der heutigen Stadt, zwischen Burgstraße und Graben (an der Stelle der jetzigen herzoglichen Reitbahn) und sie diente den ritterlichen Herrn des Landes, insbesondere auch dem nachherigen König Adolf (1292—98) oft zum Aufenthalte. Das feste Städtchen, das in geringer Ausdehnung um die Burg herum sich anlehnte, war von tiefen Wassergräben, von fünf stattlichen Thor-Eingängen und festen Mauern umschlossen, die einem feindlichen Ueberfall wohl Trotz bieten konnten. Solche erlebte die Stadt von den fehdelustigen Herren von Eppstein 1283, wobei sie zerstört ward; Ludwig von Baiern jedoch belagerte sie 1318 vergebens. Daß zahlreiche Fremde auch damals schon zu ihren Heilquellen pilgerten, erfahren wir aus einer zur Zeit des Interdikts ihr gewährten Vergünstigung des Mainzer Erzbischofs Heinrich II. vom J. 1337. Die allmähliche Vergrößerung und eine gewisse Blüthe des Ortes beweist die Stiftung eines ritterlichen Löwenbundes, der im 14. und 15. Jahrh. hier seinen Sitz hatte, beweist die unter Graf Adolf III., dem auch die Stadtkirche ihren bedeutenden Umbau (1488) verdankt, ausgeführte Erneuerung und Ausdehnung der Stadtmauer 1508. Die folgenden kirchlich-bewegten Zeiten des 16. Jahrhunderts sind auch für unsere Stadt bedeutend geworden, indem Graf Philipp der Aeltere die lutherische Kirchenreform (1540) dahier einführte. Unter ihm ward die Stadt durch eine Feuersbrunst heimgesucht, die (1547) das ganze Städtchen und die Bäder, mit Ausnahme des Schlosses und weniger festen Gebäude, in Asche legte. Ein zweiter Brand zerstörte bald darauf (1561) abermals 53 Wohnhäuser. Die Erneuerung der alten Jahrmärkte der Stadt, die Graf Balthasar (1566) von dem Kaiser erwirkte, war darauf abgesehen, dem unglücklichen Ort wieder einige Nahrungsquellen zu eröffnen. Mit dem Aussterben der Nassau-Wiesbadischen Stammlinie (1605) fiel die Stadt an die nächstverwandte Nassau-Sarbrückische Linie. In diese Periode treffen die schweren Drangsale des dreißigjährigen Krieges, der seit 1620 fast ununterbrochen die Rheinlande heimsuchte und durch langwierige Einquartierung und die Schrecknisse wiederholter Erpressungen und Plünderungen unsere Stadt so verödete, daß Hungersnoth und Elend die wenigen Einwohner dahin raffte, die nicht umgekommen oder geflüchtet waren. Das Innere der Stadt (am Marktplatz, in der Langgasse u. s. w.) gewann damals das Ansehen einer mit Hecken verwachsenen Wildniß. Nur sehr allmählich vermochte der Ort sich wieder zu erholen, da in den Reichskriegen von 1672 und 1688 wegen der Nähe des befestigten Mainz auch unsere Gegend jedesmal durch Einquartierung und andere Kriegs-Drangsale vorzugsweise heimgesucht war, was Alles übrigens durch die weisen Maßregeln des damaligen Landesherrn, Georg August, (1688 in den Reichsfürstenstand erhoben), möglichst gelindert ward. Durch ihn nahm Wiesbaden seinen ersten Anlauf zu dem, was es geworden. Unter ihm wurde zuerst eine kaiserliche Post hier angelegt; er hat die alten unnützen Ringmauern des Ortes theilweise niederlegen und neue Straßen außerhalb anlegen lassen, für Schulen und andere nützliche Anstalten Fürsorge getragen und endlich durch Anlegung des Parkes und Lustschlosses zu Biebrich (1705) seinem Wirken die Krone aufgesetzt. Als ein für die Bedeutung der Stadt höchst entscheidender Wendepunkt muß sodann die im Jahr 1744 statt gehabte Verlegung der Landes-Collegien von Usingen hierher hervorgehoben werden, wodurch zu der mit bürgerlichen Gewerben und vorzugsweise mit Acker- und Weinbau beschäftigten Bevölkerung des Ortes ein mit höheren Ansprüchen auftretender Beamtenstand sich gesellte, der nunmehr sich's angelegen sein ließ, für die Annehmlichkeit seines neuen Aufenthaltes durch mancherlei Anlagen und Verschönerungen Sorge zu tragen. Der Zufluß fremder Gäste, unter denen der Besuch Kaiser Josephs II. im Schützenhof (1786) besondere Erwähnung verdient, nahm so zu, daß man an weit großartigere Anlagen durch neue Straßen, bequemere Gasthäuser und größere Vergnügungsplätze denken mußte, ein Streben, das durch die Errichtung des im Jahre 1810 erbauten großartigen Kursaals sich auf eine für die damaligen Verhältnisse imponirende Weise kund gab. Als der Wiener Congreß 1815 das Herzogthum Nassau in seinem jetzigen Umfang gebildet hatte, als mit Herzog Friedrich August, dessen Namen u. A. die unter ihm angelegte Friedrichstraße verewigt, 1816 die Usingische Linie ausstarb und das ganze Land an Nassau-Weilburg fiel, als Wiesbaden zur Landeshauptstadt und das nahe Biebrich zur Residenz des Herzogs erhoben worden, da entfaltete sich, begünstigt durch die Zeiten des ungestörten Friedens, ein ganz neues Leben innerhalb des alten Städtchens und die umfangreichsten neuen Straßenanlagen dehnten sich nach allen Richtungen hin aus. Als Winter-Residenz des Herzogs wurde 1837—39 das neue Schloß am Marktplatze, 1842 das neue Ministerial-Gebäude errichtet und seit dem Regirungsantritt Herzog Adolfs (20. August 1839) hat jedes Jahr neue materielle und geistige

Schöpfungen erstehen sehen, die durch den immer noch wachsenden Fremdenverkehr gefördert und von einer umsichtigen Staatsverwaltung geleitet der Stadt noch eine weitere blühende Zukunft verheißen.

B. Topographische und statistische Bemerkungen.

Wiesbaden, am südlichen Abhang der Taunusvorhöhen, kaum eine Wegstunde vom rechten Rheinufer gelegen, 335' über dem Meer und 90'"über dem mittleren Rheinspiegel bei Biebrich, zählt dermalen in ungefähr 1000 Häusern 16300 Einwohner und ist immer noch in beständiger Vergrößerung begriffen. Man zählte

im Jahr 1800 bei 2000 Einwohnern 900 Kurgäste
„ „ 1825 „ 6000 „ 4000 „
„ „ 1850 „ 14000 „ 25000 „
„ „ 1856 „ 16000 „ 28500 „

Nach einem 35 jährigen Durchschnitt betrug alle 5 Jahre die Zunahme der Bevölkerung 1493 Personen. In Folge seiner Lage in einem Thale am Südabhang des Gebirges genießt es ein mildes und erquickendes Klima. Der Weinbau, der gegenwärtig nur noch am Nersberg in ansehnlichen Fluren repräsentirt ist, bedeckte noch im vorigen Jahrhundert die Südabhänge aller nahe gelegenen Hügelrücken; die mannichfaltigsten Fruchtbäume gedeihen rings umher mit schönem Erfolg, in den Gärten und Anlagen blühen die buntesten Blumen aus wärmeren Zonen, als wären sie in der Heimat.

Die heißen Quellen und ihre zahlreichen Abzugskanäle in dem betreffenden Stadttheil erhöhen durch ihre Ausdünstung ebenso die Hitze des Sommers, wie sie die winterliche Strenge mildern. Die in der Nähe der Quellen gelegenen Straßen zeigen eine 3—4° R. höhere Temperatur als die entlegeneren Stadttheile. Das Klima zeichnet sich außerdem durch eine größere Reinheit der Atmosphäre und in Folge der geschützten Lage der Stadt durch eine größere Ruhe der Atmosphäre aus, lauter Verhältnisse, die auf den Gesundheitszustand der Bevölkerung nur vortheilhaft einwirken können, sodaß die jährliche Sterblichkeit sich wie 1 : 40 herausstellt. Wenn etwas die glückliche klimatische Situation unseres Kurortes beweisen kann, so sind es die Temperatur-Verhältnisse. Aus einer 15jährigen, in den Jahren 1842—1856 täglich dreimal statt gehabten sorgfältigen Beobachtung des Thermometers ergiebt sich, daß die größte Hitze mit 28° nur einmal (im August, Mittags) und mit 27° nur 2 mal (im Juli) vorkam, während in dieser Periode — 16° der höchste Kältegrad des Winters war, der nur einmal erreicht ward (im Januar, Morgens); Kältegrade von 15°—11° kamen nur dreimal, und von 10° nur neunmal vor.

Die Stadt ist in neueren Zeiten ein nach allen Seiten offener Ort geworden, seitdem ihre alten Mauern und zahlreichen Wassergräben schöneren und nutzbringenderen Anlagen haben weichen müssen. Ihre 5 alten Thore, das heidnische (unterhalb dem Heidenberg), das stumpfe (am Michelsberg), das Mainzer (in der Neugasse), das Stadtthor (in der Markt- und Mauergasse) und das Sonnenberger Thor (dem Kursaal gegenüber) sind sogar spurlos verschwunden. Der ältere, jetzt auch fast ganz aus modernen Gebäuden gebildete Stadttheil liegt in der Nähe des Uhrthurms (sonst das obere Stadtthor geheißen) und des Marktplatzes; also besonders

Metzger-, Häfner-, Mühl- und Goldgasse; die Straßen und Häuser in der Region der warmen Quellen, also zumal die Weber-, Spiegel-, Saalgasse und Kranzplatz, bildeten ein Stadtquartier für sich und hießen das Sauerland. Die uralte Pfarrkirche zum heiligen Mauritius (jetzt nicht mehr vorhanden) und der umliegende Begräbnißplatz lagen schon etwas außerhalb des Stadtberings. Alle dermaligen äußeren Straßen, Röderstraße, Steingasse, Römerberg und Heidengasse nach Norden, — Schwalbacher Straße nach Westen, — Friedrichstraße, Luisen- und Rheinstraße nach Süden, — Wilhelmstraße nach Osten, — Taunus- und Nerostraße nach N. Osten, sind neueren Ursprungs, wie auch die Platanen-, Kastanien- und Linden-Alleen, die die Stadt auf allen Seiten einschließen. Ganz neu sind die Anlagen am Geisbergweg und der Kapellenstraße, sowie die zahlreichen Landhäuser, die auf allen Höhen und in allen Thälern sich rings um die Stadt herum, zum Theil innerhalb prachtvoller Gartenanlagen, erheben und so die alte Bäderstadt mit einem anmuthigen grünen Kranze umschließen.

Freie Plätze im Innern der Stadt sind: 1. Der Marktplatz, zwischen dem herzoglichen Palais und dem Rathhaus. 2. Der nach S. O. daranstoßende Platz vor der neuen evangelischen Kirche, dem nach Vollendung des Kirchengebäudes noch eine besondere Verschönerung bevorsteht. — 3. Der Platz der abgebrannten evangelischen Pfarrkirche zum heiligen Mauritius in der Kirchgasse, am schicklichsten Mauritius-Platz genannt. — 4. Der Luisenplatz, auf den die neue Straße nach Biebrich mündet, gegenüber der Vorderseite der katholischen Kirche. — 5. Der Kranzplatz, zwischen Kochbrunnen und Langgasse, von Badehäusern eingefaßt, ausgezeichnet durch die 1850 hier errichtete **Hygea-Gruppe** aus carrarischem Marmor, von dem hiesigen Bildhauer K. Hoffmann, jetzt in Rom. Der Boden ist von Fundament-Mauern römischer Gebäude quer durchzogen, was man besonders nach einem Regen oder Schneefall ziemlich deutlich wahrnehmen kann. — 6. Der großartige **Theaterplatz** in der Wilhelmstraße, zwischen dem Kursaal, dem Theater-Gebäude und den „Vier Jahreszeiten", von den beiden Kolonaden eingefaßt und in der Mitte seines Grüns von zwei Springbrunnen belebt.

Von den Gebäuden und Sehenswürdigkeiten in und bei der Stadt heben wir folgende hervor:

a. **Römische Denkmäler**: 1. **Heidnische Mauer.** Ein 650' langes, durchschnittlich noch über 10' hohes und 9' breites Stück Gußmauer, von deutlich hervorspringenden Rondelen geschützt, der letzte überirdisch erhaltene Rest aus der frühesten Periode von Wiesbadens Geschichte. Die Mauer bildet jetzt die eine Langseite des alten längst verlassenen Todtenhofs und ist am besten von dem Hofe des Herrn Mich. Walther her zugänglich, der sich jederzeit ein Vergnügen daraus macht, Freunde des Alterthums zu seinem dicht unterhalb der Mauer belegenen Garten hinan zu geleiten, wo die merkwürdige Construktion des Bauwerks, zu dessen Aufführung selbst Fragmente von Säulenschäften verwendet sind, am bequemsten in Augenschein genommen werden kann. Im Innern des Todtenhofs kann man ohne Mühe die alte Mauer an der Stelle ersteigen, wo das mit Gebüsch bewachsene Rondel massiv bis zur Höhe der Mauer emporragt. Hier ist einer der interessantesten Standpunkte zur Besichtigung der Stadt und ihrer Umgebungen. Die Zeit und die Veranlassung der Errichtung dieser Mauer, die sich einst durch die jetzige Lang- und Metzgergasse bis zur Burg hin erstreckte, ist ungewiß; übrigens beweist die tumultuarische Art ihrer Erbauung, zu der rücksichtslos Tempelfragmente und Votiv-Altäre verwendet wurden, daß nicht Römer, wohl aber der römischen Bauweise kundige Männer zu einer Zeit diese Schutzwehr aufführten, da noch Material aus römischen Gebäuden in Menge zur Hand war.

2. Kastell. Das auf dem Heidenberg (beim Zusammentreffen der Heidengasse und ihrer Verlängerung als Straße nach dem Friedhof mit der Röderstraße und verlängerten Schwalbacher Straße) gelegene Römer-Kastell, von dem übrigens die fortgeschrittene Bodenkultur selbst in der Erde nur noch wenige Mauer-Ueberreste übrig gelassen hat, umfaßte in seinem Viereck mit abgerundeten Ecken (Länge 504', Breite 458') einen Flächenraum von 13¼ Morgen. Seine Ringmauer, mit 28 auf der Innenseite angefügten viereckigen Thürmen bewehrt, umfaßte Gebäulichkeiten und Raum für eine etwa 2 Cohorten starke Besatzung, von Truppen der 14. Legion, die später von der 22. Legion abgelöst wurden. Eine schöne Relief-Darstellung des Kastells, in Gyps, enthält das Museum der Alterthümer (S. 39), wo auch die bei seiner Ausgrabung im Jahr 1838 aufgefundenen Gefäße, Waffen, Münzen u. dgl. aufbewahrt sind.

b. Mittelalter. 3. Der Uhrthurm, einst von doppelter Höhe, in seiner unteren Hälfte aus dem 14. Jahrhundert herrührend, wo er das obere Stadtthor bildete.

Der jetzige Dachaufsatz, der die Wohnung des Stadtthürmers enthält, wurde 1751 errichtet.

4. Die am 27. Juli 1850 abgebrannte evangelische Pfarrkirche (zum heiligen Mauritius), in der Kirchgasse, das bis dahin denkwürdigste Gebäude der Stadt, von einem bis an die römische Zeitperiode hinaufreichenden Begräbnißplatze umgeben, wie sich denn erst im Januar 1857 drei römisch-christliche Steinsärge hier gefunden haben. Die Ruinen der 1488 von Grund aus neu erbauten und 1717 bedeutend erweiterten Kirche sind abgetragen und die Stelle seit Kurzem von der Stadtgemeinde angekauft und zu einem städtischen Fruchtmarkt hergerichtet worden.

c. Neuere Zeit. 5. Das Rathhaus, im Jahr 1609 als ein interessanter Holzbau, mit Erkervorsprung, im Renaissance-Styl erbaut, hat durch einen geschmacklosen modernen Umbau (1828) seine alterthümliche Schönheit eingebüßt. Die in Straßburg gearbeiteten Holzsculpturen und Inschriften der Fenster-Brüstungen werden auf dem Rathhaus-Saale aufbewahrt. Vor dem Gebäude auf dem Marktplatze spendet aus 4 Röhren sein vortreffliches Trinkwasser:

6. Der Stadtbrunnen, 1567 errichtet, 1753 in seine jetzige Fassung gebracht. Auf dem Kapitäl steht als Schildhalter ein kleiner vergoldeter Löwe mit dem neueren Wappenschild der Stadt, drei goldenen Lilien im blauen Felde; das Wappen der Fürsten von Nassau-Usingen als damaliger Landesherren bildet den Herzschild.

7. Das herzogliche Palais, am Marktplatze gelegen, aus zwei, in stumpfem Winkel, den ein Rundbau unterbricht, zusammenstoßenden dreistöckigen Flügelgebäuden bestehend.

Der Rundbau ist über dem Portale durch einen auf 6 Säulen ruhenden Söller ausgezeichnet, in der Höhe tritt das Wappen des Hauses Nassau mächtig hervor. In dem großen Treppenhaus sind acht lebensgroße Statuen aus Sandstein, von Schwanthaler, sehenswerth, wie auch die reich verzierten Säle und Cabinette des Innern, die während der Abwesenheit des Hofes dem Besuche der Fremden bereitwillig offen stehen. Das Ganze ist nach dem Plane des Oberbaurath Moller in Darmstadt von Baurath Görz dahier 1837 bis 1840 aufgeführt. Auch die anstoßenden der neuen Kirche gegenüber gelegenen Gebäude sind bis zur Mühlgasse Eigenthum des herzoglichen Hauses und umschließen mit der rückwärts gelegenen, jetzt provisorisch zum Gottesdienst der evangelischen Gemeinde dienenden Reitbahn die Stelle der alten Grafenburg. Der Name „Burgstraße" bewahrt ihre Erinnerung.

8. Die evangelische Kirche, dem herzoglichen Palais gegenüber, im Spitzbogen-Styl nach dem Plane des Oberbaurath Boos in großartigen Verhältnissen angelegt, mit 4 schmaleren Seiten- und einem vorderen Hauptthurm, der bis zu 300' sich erheben soll, ganz aus Backsteinen. Am 22. September 1853 wurde der Grundstein zu derselben gelegt und ihrer Vollendung sieht man bis zum Jahr 1860 entgegen. Sie bildet schon jetzt weitaus das imposanteste Gebäude der ganzen Stadt.

9. Die katholische Kirche, in den Jahren 1844 bis 1849 von Baurath Hofmann dahier in zierlichem Style aufgeführt und bis auf die beiden durchbrochenen Thurmpyramiden vollendet. Sie ist dem heiligen Bonifacius ge-

weiht und der Hochaltar mit 12 Statuen von Heiligen geschmückt, von denen Bildhauer K. Hoffmann die größeren, Bildhauer Vogel die 6 kleineren anfertigte. Die beiden Altargemälde sind von Meisterhand gemalt, der heilige Bonifacius von Rethel, die Madonna mit dem Kinde von Steinle.

10. Das Palais Pauline, Wittwensitz der am 6. Juli 1856 verstorbenen Herzogin, deren Namen es trägt, auf einer Anhöhe zur Seite des Kursaals, im reizendsten Baustyl einer großen Villa von Baurath Th. Götz in den Jahren 1841—1843 errichtet und von blühenden Anlagen umgeben. Die nach S. gewendete Vorderseite bietet eine offene, von achteckigen Pavillons eingefaßte Arkade; drei Flügel umgeben den mit Springbrunnen in maurischer Art verzierten Hof. Ein Blick von dieser Höhe aus über Stadt und Landschaft ist allein schon eines Besuches der Villa werth, die innerhalb der die Stadt und den Kursaal umgebenden Anlagen wohl zu allen Zeiten den Glanzpunkt bilden wird.

11. Das Ministerial-Gebäude, an der Ecke der Luisen- und Markt-Straße, 1839—1842 von Oberbaurath Boos in rundbogigem Style erbaut, enthält in den beiden unteren Geschossen die Bureaux des Staats-Ministeriums und der Ständekammer sowie die Wohnung des Ministers, im obern die für die Herzogliche Rechnungskammer bestimmten Lokalitäten. Seine jetzige Einrichtung erhielt das Gebäude nach seiner in Folge des Brandes vom 23. September 1854 nothwendig gewordenen theilweisen inneren Herstellung. An einem freien Platze und etwas mehr von ferne gesehen

würden die reinen architektonischen Verhältnisse dieses herrlichen Baues noch vortheilhafter ins Auge fallen.

12. Die Infanterie-Kaserne. Dieselbe bildet die westliche Schluß-Perspektive der von der Wilhelmstraße nach der Schwalbacher Straße in sanftem Ansteigen sich schnurgerade hinziehenden Friedrichstraße und macht durch ihre kolossale, den Hauptbau bekrönende Stein-Trophäe (militairische Embleme, eine Uhr in der Mitte, rechts und links die Büsten von Mars und Minerva), von Hofbildhauer Scholl in Darmstadt, weithin einen imposanten Eindruck. Der geräumige Vorplatz wird durch ein eisernes Lanzenspalier geschlossen, dessen Eingang mächtige Pfeiler einschließen, auf denen kolossale Löwen (von demselben Künstler) ruhen. — In vergoldeten Buchstaben besagt eine unter dem Frontispiz angebrachte Inschrift, daß Herzog Wilhelm von Nassau das Gebäude im Jahre 1818 für das Militair habe errichten lassen. — Seitwärts erhebt sich das große Militair-Hospital, noch etwas mehr südlich die Gebäude für das Kriegs-Departement und die Artillerie, die mit Zeughaus, Remisen und Stallungen ein ganzes Quartier zwischen der Luisen- und Rheinstraße ausfüllen.

13. Der Friedhof, oberhalb und nördlich von der Stadt gelegen, dicht neben der Landstraße nach Limburg. — Als der alte Todtenhof vor dem heidnischen Thor nicht mehr genügte, wurde im Jahr 1832 dieser neue Friedhof hier „auf den Rödern" angelegt, dem die Halle des Leichenhauses zum Eingang diente. Im Jahr 1853 wurde er abermals und zwar um das Doppelte seines Umfangs nach der Landstraße hin, erweitert, so daß er jetzt 16 Morgen

Landes umfaßt. Seine Lage in reizender landschaftlicher Umgebung, seine schönen Alleen und Baumgruppen, seine geschmackvollen und zum Theil künstlerisch vollendeten Monumente (in allen Stylgattungen), zum größten Theil aus der Werkstätte des hiesigen Bildhauers Gerth (Marktstr. 29); endlich die vortreffliche, von treuer Pietät Zeugniß gebende Unterhaltung und Ausschmückung der Gräber mit Blumen und Kränzen empfehlen einen Besuch für jedes zu ernsten Betrachtungen disponirte Gemüth. — Unter denjenigen Personen, deren sterbliche Reste der Friedhof umschließt, wollen wir nur einige auch in weiteren Kreisen gekannte Namen hervorheben, und zwar von Einheimischen: 1. Pauline, verwittwete Herzogin von Nassau, geb. Prinzessin von Würtemberg (geb. 1810 † 1856, 6. Juli.) — 2. Georg Müller, erster Bischof der vereinigten evang.-christlichen Kirche im Herzogthum Nassau (geb. 1766 † 1836, 10. Dez.). — 3. Johannes de Laspée, der Kinderfreund, Begründer einer berühmt gewordenen Erziehungs-Anstalt, ein Schüler Pestalozzis (geb. 1783 † 1825, 20. März). — 4. Chr. Wilh. Snell, der hochverdiente langjährige Director des Landesgymnasiums, früher zu Idstein, seit 1817 in Weilburg (geb. 1755 † 1834, 31. Juli). — 5. Johannes Weitzel, Bibliothekar, als publicist. Schriftsteller viel genannt (geb. 1771 † 1837, 10. Januar). — 6. Ant. Gruner, der Lehrer unserer Volksschul-Lehrer, Director des Lehrerseminariums in Idstein (geb. in Koburg 1778 † 1844, 13. Mai). — 7. A. H. Peez, einer der verdientesten Badeärzte, zugleich medicinischer Schriftsteller von bedeutendem Ruf (geb. in Mainz 1785 † 1847,

10. März). — Von Auswärtigen gedenken wir: 8. Clem. Aug. v. Droste-Hülshoff, Professor der Rechtswissenschaft aus Bonn (geb. 1793 † 1832, 13. August). — 9. Georg Freih. v. Baring, Königl. Hannov. General-Lieutenant, Vertheidiger von La Haye Sainte in der Schlacht bei Waterloo, (geb. in Hannover 1773 † 1848, 27. Februar). — 10. Uminski, der tapfere Reiter-General im Freiheitskampfe der Polen (1831) † 1851, 15. Februar.

14. Das Museums-Gebäude. (Wilhelmstr. 16.) Im Jahr 1812 von dem Baumeister Zais als Schloß für den damaligen Erbprinzen erbaut, aber nicht bezogen, wurde dasselbe nachher von seinem fürstlichen Eigenthümer an das Land abgetreten zur Aufnahme der wissenschaftlichen Sammlungen. Letztere sind seitdem so angewachsen, daß zur Gewinnung der erforderlichen Räume neuerdings ein vollständiger Umbau im Innern nothwendig ward, wonach nunmehr folgende Benutzung statt findet.

a. Das Erdgeschoß. Die linke Hälfte mit acht zum Theil sehr geräumigen Zimmern und drei andere, nach dem Hof belegene der rechten Hälfte umfassen den bedeutendsten Schatz des Landes, das antiquarische Museum, welches zusammengesetzt wird aus 1) dem Museum römischer, germanischer und mittelalterlicher Alterthümer, von denen insbesondere die römische Abtheilung zu den werthvollsten derartigen Cabineten der Welt gehört. Begründet wurde dasselbe 1824 durch Ankauf der Antiken-Sammlung des Herrn v. Gerning in Frankfurt a. M. Bloß die römischen Glasgefäße umfassen über 230 Nummern, während die ganze

Sammlung nahe an 10000 Gegenstände zählt. — 2. Die
Münz-Sammlung, größtentheils aus Silber- und Bronce-
Münzen aus der Periode der römischen Kaiser bestehend,
zusammen gegen 6700 Stück. — 3. Die **Siegel-Samm-
lung**, nahe an 2000 Formen und ebensoviele Abgüsse von
Siegeln der Kaiser, der Kurfürsten und der Reichsstädte,
sodann der Fürsten, Grafen und Dynasten, sowie der Klöster,
Gemeinden und Zünfte in Nassau. — 4. Sammlung von
Abgüssen antiker Statuen und mittelalterlicher Orna-
mente, letztere meist von Kirchen und Klöstern des Landes, in
Gyps. — 5. Die **ethnographische** Sammlung, von Waffen,
Geräthschaften u. dgl. meist von den ostindischen Inseln. —
6. Die **Bibliothek** und 7. das **Archiv** des historischen Vereins. — Besondere Beachtung verdienen: Im 1. Zimmer: Der
linke **Thürflügel** eines römischen Tempels, aus Bronce,
bei Mainz 1845 ausgegraben. — Das Modell einer 1849
ausgegrabenen römischen **Villa** bei Marienfels (in der Nähe
des Pfalgrabens). — Im 2. Zimmer: Schrank Nro. 3.
Der bronzene **Capricorn**, ein römisches Feldzeichen, wahr-
scheinlich der XXII. Legion, gefunden 1832 unterhalb der
Platte. — Die daneben stehende **Bronce-Pyramide** mit
dem Bilde des Dolchenischen Jupiter und anderen Reliefs,
gefunden 1842 in Heddernheim. — Im 3. Zimmer: Der
große Altarstein des **Mithras**, mit bedeutenden Relief-
Darstellungen, ein Gebilde römischer Kunst des zweiten
Jahrhunderts, aus einem 1826 gefundenen unterirdischen
Tempel zu Heddernheim. — Im 4. Zimmer: Schrank
Nro. 14. Eine **Bronce-Kanne** als Achilleus-Kopf, Kunst-
werk des edelsten griechischen Styls, aus Unter-Italien.

Schrank Nro. 13. **Römische Glas-Urne** mit Knochenresten und einer Vespasian-Münze, umgeben von 4 kleineren Glas-Gefäßen, aus einem Steinsarg bei Kreuznach 1842. — Glassturz Nro. 3. **Römische Schwertscheide**, mit getriebenen Reliefs, gefunden 1846 in Wiesbaden. — Zimmer Nro. 5. Relief des 1838 und 1839 ausgegrabenen römischen Kastells auf dem Heidenberg, in Gyps. — Zimmer Nro. 7. und 8. **Steinsärge und Grabmonumente** aus der römischen Zeitperiode, meistens 1841 dahier aufgefunden. — Alle größeren römischen Inschriften des Museums, 84 an der Zahl, sind mit einer deutschen Uebersetzung versehen.

Die auf der andern Seite des Erdgeschosses belegenen Zimmer enthalten u. A. den **Hochaltar-Schrein** aus der Abtei Marienstatt, Holzsculptur des 14. Jahrh.; ferner eine Sammlung der **Kaiser-Siegel** in Gyps u. A. Die ganze ausgezeichnete Sammlung steht unter der Aufsicht des im Jahr 1821 gegründeten Vereins für Nass. Alterthumskunde und Geschichtsforschung, der die Vermehrung und Ordnung derselben sich angelegen sein läßt. Ein gedruckter Katalog wird noch vermißt. — Da die meisten Gegenstände durch Ausgrabungen, theils bei Heddernheim an der Nied, theils bei Wiesbaden und Mainz zu Tage gefördert wurden, so bilden diese Sammlungen überdies für die Landesgeschichte eine Fundgrube von unschätzbarem Werth.

2. Die übrigen Räume des Erdgeschosses (linke Seite) werden von der **Bilder-Sammlung** eingenommen, deren Begründung ebenfalls der v. Gerning'schen Sammlung verdankt wird und die, besonders seit sie der

Leitung des im Jahre 1847 gestifteten Naff. Kunstvereins anvertraut ist, sich ansehnlich vermehrt und erst die rechte Uebersichtlichkeit gewonnen hat. Einzelne schätzbare Bilder aus der italienischen und altdeutschen Schule wird auch der Kenner mit Interesse betrachten, wie nicht minder eine permanente Ausstellung und der mit mehreren deutschen Vereinen unterhaltene Turnus jeden Monat neue Kunsterzeugnisse, die hier zeitweise aufgestellt werden, zur Anschauung bringt.

b. Das mittlere Stockwerk umfaßt dermalen die reichhaltigen und musterhaft geordneten Sammlungen für Naturkunde, in einer zusammenhängenden Reihenfolge der freundlichsten und geräumigsten Säle, von denen der mittlere große Saal für wissenschaftliche Vorträge des naturhistorischen und des antiquarischen Vereins, die im Winter allwöchentlich statt finden, sowie für die Generalversammlungen bestimmt ist. Die geognostische und die paläontologische Abtheilung des Museums, das Werk der Gebrüder Dr. G. und F. Sandberger, ist für die Naturgeschichte des Landes von höchster Wichtigkeit; für die meisten Besucher dürften jedoch die herrlichen Konchyliensammlungen, die ausgestopften Vögel und die aus der v. Gerning'schen Sammlung herrührenden Spiegel mit ausländischen Schmetterlingen vielleicht noch höheres Interesse bieten.

c. Das oberste Stockwerk enthält in 2 geräumigen Sälen und 8 größeren Zimmern die über 60000 Bände umfassende Landes-Bibliothek, (Bibliothekar: Geh. Regierungs-Rath Dr. Seebode) die mit den wichtigsten Werken aus allen Zweigen der Literatur ausgestattet ist. Besonderer Reichhaltigkeit erfreuen sich die Abtheilungen der Medizin (insbesondere Badeschriften), der Naturwissenschaften, der Geschichte, insbesondere Biographie, und der Reisebeschreibung. Außer den prachtvollsten Kupferwerken über Architektur und Kunst enthält die Sammlung auch werthvolle Handschriften, so namentlich den Original-Codex der Schriften der heil. Hildegard (aus dem 13. Jahrh.), die Visionen der heil. Elisabeth von Schönau, mit sehr interessanten gemalten Initialen und Bildern u. a. Pergamenthandschriften, sowie eine reichhaltige Sammlung von Incunabeln. Ein eigenes Lesekabinet enthält die interessantesten Zeitschriften und andere Werke zu freier Benutzung. Ueberhaupt findet in Beziehung auf die Benutzung der Anstalt — in vortheilhaftem Gegensatz zu allerlei hemmenden Einrichtungen an anderen Orten — die größte Erleichterung und Liberalität statt. Der Fremde, welcher Bücher zu entleihen wünscht, hat nur eine schriftliche Bescheinigung seines Wirthes oder eines anderen Wiesbader Bürgers beizubringen, der für das Entliehene Garantie leistet.

Die öffentliche Bibliothek ist das ganze Jahr hindurch dem Publikum geöffnet jeden Montag, Mittwoch und Freitag Vormittags von 9—12 und Nachmittags von 2—5 Uhr. — Da die Anstalt mehr wissenschaftliche Zwecke im Auge hat, so wolle man sich für leichtere Unterhaltungs-Lektüre an die oben (S. 12) aufgeführten reichhaltigen Leih-Bibliotheken wenden.

Für die Besucher des Museums diene hiermit ausdrücklich zur Nachricht, daß alle in dem Gebäude vereinigten Sammlungen zu **unentgeldlicher Benutzung** dem Publikum offen stehen. Zu denjenigen Tagesstunden, wo dieselben geschlossen sind, beliebe man bei dem im Erdgeschoß wohnenden Abwart (Portier) das Nähere zu erfragen.

15. Der Kochbrunnen. Mit diesem Namen wird die älteste und bedeutendste der 23 warmen Quellen der Stadt (55° R.) bezeichnet, zu der man aus dem Innern der Stadt vom Kranzplatz, vom Kursaal her aber durch die Taunusstraße und die in derselben (seit 1854) in Form einer Veranda errichtete geschmackvolle Trinkhalle gelangt. Innerhalb der jetzigen aus dem Jahre 1826 herrührenden Einfassung entspringen 15 Quellen dem Schooß der Erde unter unaufhörlichem Sieden und Kochen, die in jeder Minute 17½ Kubikfuß Wasser auswerfen. Der Brunnen ist auf drei Seiten von einem Kranz von Badehäusern nahe umgeben, denen zahlreiche Kanäle sein Wasser zu führen; nach N. O. hin führt die Trinkhalle langsam ansteigend zwischen anmuthigen Gärten zur Taunusstraße hinan.

16. Der Kursaal. In einem Baustyl, der den Geist der Antike meisterhaft wiedergiebt, wurde dieses Gebäude, das fortan den Hauptvereinigungsort der Fremden abgeben sollte, von dem Baurath Zais 1810 aufgeführt. Sechs kolossale jonische Säulen tragen den imposanten Porticus, seine beiden Seitenhallen werden jede von 12 kleineren Säulen dorischer Ordnung getragen und Pavillons schließen auf beiden Flügeln die Hauptfaçade. Die Fronte des Gebäudes ist der Wilhelmsstraße zugewendet, und zwar so, daß es dem schönen Platze gerade gegenüber liegt, der von den Vier Jahreszeiten, dem Hôtel Zais, dem Nassauer Hof und dem Theatergebäude begrenzt und durch eine große, jetzt durch zwei Springbrunnen und Blumen-An-

lagen belebte Rasenfläche, von Alleen eingefaßt, mit dem Kursaal in Verbindung gesetzt ist. — Die Nebengebäude — für Wirthschaft und gesellige Zwecke — haben seitdem mehrfache Umänderung und Erweiterung gefunden; die ganze hintere, nach dem Teich zu gewendete Façade hat neuerdings eine totale Erneuerung und zweckmäßigere Umwandlung erfahren. — Den Glanzpunkt des Gebäudes bildet aber der Hauptsaal, 130' lang, 60' breit und 50' hoch); an seinen spiegelglatten Seitenwänden, die in Blenden schöne antike Bildsäulen aus carrarischem Marmor enthalten, laufen Orchester-Gallerien hin, die von 28 ganzen und 4 halben korinthischen Säulen aus schwarzgrauem inländischem Marmor getragen werden. — Auf der einen Seite reihen sich an den Hauptsaal die Speisesäle und andere Wirthschafts-Lokalitäten, auf der anderen die Spielsäle für Roulette und Pharo, demnächst ein neu hergerichtetes und reichhaltig ausgestattetes Lesekabinet für Zeitungen; endlich die Reunionssäle für Soireen mit Konzerten und anderen derartigen Unterhaltungen einer ausgewählten Gesellschaft. — Der freie von Kastanienbäumen beschattete Platz unmittelbar hinter dem Kursaal, auf dessen Estrade die Regimentsmusik spielt, ist von einem Teiche begrenzt, in dessen Wasserspiegel seine mit den herrlichsten Blumen und den reizendsten Baumgruppirungen gezierten Ufer sich wiederspiegeln. Eine kolossale Fontaine, die ihren Strahl nahe an 100' hoch zu schleudern vermag, unterbricht zeitweise die Ruhe des Gewässers, das von zahllosen Goldfischen erfüllt und von Schwanen und Enten mannichfaltig belebt wird. Geschmackvolle Landhäuser erheben sich in einiger Entfernung hinter den Park-Anlagen und reizende Spazierwege, aus deren dichterem Gebüsch nicht selten die Töne der Nachtigall erklingen, laden zum Lustwandeln ein. In diesen Umgebungen ist es denn auch, wo in der Höhezeit des Kurlebens ein ungemein belebter geselliger Verkehr sich gestaltet, namentlich in den Gartenanlagen, wo Nachmittags 4 Uhr eine unzählbare Menschenmenge, zu der namentlich Sonntags die Nachbarstädte Mainz und Frankfurt ein ungeheures Kontingent liefern, zu Kafe und Harmonie-Musik sich zusammen findet. Dieses wunderbare Drängen und Treiben und Auf- und Abwogen von Menschen aus jedem Stand und Alter, von den verschiedensten Sprachen und Nationen, die Damen in den Trachten der neuesten Mode, ist einzig in seiner Art und gehört nicht zu den kleinsten Annehmlichkeiten des hiesigen Aufenthalts.

Der große, freie Platz vor dem Kursaal bis zum Theaterplatz wird auf seinen beiden Seiten von Kolonnaden eingefaßt, deren Kaufläden die reichste und luxuriöseste Ausstellung der mannichfachsten Artikel der Bäder-Industrie darbieten. Im unteren Pavillon der südlichen Kolonnade befindet sich die Industriehalle mit Erzeugnissen inländischen Gewerbefleißes. Der grüne Platz zwischen beiden Kolonnaden ist neuerdings durch zwei Fontainen verziert worden, die über drei Beckenschalen ihr Wasser in Bassins ergießen, die von Blumengebüschen anmuthig eingefaßt sind. Das Rauschen der fallenden Wasser verbreitet ringsum das Gefühl behaglicher Kühle. Die zeitweise Beleuchtung der Fontainen mit Gasflammen bringt eine magische Wirkung hervor.

Unter den verschiedenen Anstalten der Stadt zur Förderung höherer Zwecke heben wir nachfolgende hervor:

a. **Wohlthätigkeits-Anstalten.**

1. Das **Hospital** (nahe dem Kochbrunnen). Director: Medicinal-Rath Dr. Haas (Luisenstraße 27.). Zunächst zur Versorgung bejahrter und kranker Bürger bestimmt und aus einer milden Stiftung des Grafen Gerlach von Nassau-Idstein 1353 herrührend, hat dasselbe im Laufe der Zeiten mannichfache Veränderungen und eine erweiterte Bestimmung erfahren, indem auch Leidende von auswärts gegen billige Vergütung hier Aufnahme und Pflege finden. In gesunder Lage, mit 25 Bädern zur Benutzung des Thermalwassers und dazu gehörigen Apparaten ausrüstet und mit 154 Betten versehen, gewährt diese treffliche Anstalt im Laufe des Jahres (nach einem 12jährigem Durchschnitte) an 664 meist wenig bemittelte Kranke Pflege und Heilung. Darunter waren 385 Inländer und 271 Ausländer. Das jetzige Gebäude wurde 1785 errichtet.

2. **Kleinkinder-Bewahranstalt** (Director: Amts-Secretair Dr. Busch (Luisenplatz 6.), Vorsteherin: Fräul. Sophie Bickel (Wilhelmstraße 12.), auf dem Heidenberg gelegen, 1835 gegründet zur Versorgung verwais'ter oder solcher Kinder, deren Aeltern durch ihre Sorge um das tägliche Brod der Erziehung ihrer Kinder sich nicht widmen können. Die Anstalt nimmt Mädchen von 2 bis 15. Lebensjahre auf, Knaben bis zum 8. Jahre; sie wird im Laufe des Jahres von mehr als 200 armen Kindern benutzt.

3. **Versorgungshaus.** Director: Geh. Kirchenrath Dr. Wilhelmi (Kirchgasse 18.). Aus einer Stiftung des 1850 verstorbenen Bibl.-Secretär Ph. Zimmermann und seiner noch lebenden Schwester Elise hervorgegangen und durch anderweite milde Beiträge unterstützt, gewährt dasselbe — vorläufig in einer gemietheten Behausung auf dem Heidenberg — dermalen 6 bejahrten Frauen und 3 Männern Unterkunft und Pflege.

4. **Das evangel. Rettungshaus.** Director: Dekan Eibach (Luisenstraße 22.). Für verwahrloste Kinder aus allen Theilen des Landes. Obgleich erst 1851 gegründet, besitzt es schon ein eignes, $1/2$ Stunde von der Stadt hinter dem Geisberg belegenes Gebäude, in welchem 45 Kinder unter Leitung eines Hausvaters zu möglichst brauchbaren Menschen herangezogen werden. Ein Besuch der Anstalt ist belohnend. Der Weg ist Anfangs der Fahrweg nach Sonnenberg bis 5 Minuten hinter der Dietenmühle; von hier links ab in das kleine Seitenthal der Tennelbach. Nach 10 Minuten ist das Haus erreicht. Der Heimweg kann durch das Fichtenwäldchen und von hier aus über den Geisberg oder durch die Trift und das Dambach-Thal genommen werden.

5. **Die Elisabethen-Stiftung.** Director: Hofrath Dr. Weisenthal. Auf den Wunsch der verstorbenen Herzogin Elisabeth Königl. Hoh., deren Namen sie trägt, ist diese Anstalt alsbald nach dem Ableben der hohen Frau (1845) von des Herzogs Hoheit ins Leben gerufen und so ausgestattet worden, daß sie dermalen eine der bedeutendsten Wohlthätigkeits-Anstalten der Stadt bildet. Sie

bezweckt: kranken armen Kindern — ohne alle Rücksicht auf deren Zahl und Herkunft — unter 14 Jahren ärztliche Hülfe angedeihen zu lassen. Alle Medicamente werden unentgeldlich verabreicht, erforderlichen Falls auch Nahrung und Kleidung. Zwei Aerzte, Hofrath Weisenthal und Dr. Kröck sind ganz für die Zwecke der Anstalt angestellt; die in der Stadt wohnenden kranken Kinder werden besucht, die vom Lande zeitweise hereingebracht. Die Zahl der behandelten Fälle ist in den letzten Jahren auf durchschnittlich 3000 im Jahr gestiegen, von denen etwa die Hälfte der Stadt, die Hälfte dem Lande angehören. Seit dem Bestand und der Wirksamkeit der Anstalt hat sich der Gesundheitszustand der ärmeren Volksklasse bereits wesentlich gebessert, indem namentlich Scropheln, Gelenk-Krankheiten u. dgl. bedeutend abgenommen haben.

Die Anstalt besitzt ihr eigenes Lokal, vorläufig Webergasse 43.; die Erwerbung eines größeren und günstiger belegenen Hauses ist in Aussicht genommen.

6. Die Augen-Heilanstalt. (S. unten S. 49).

7. Das Pfandhaus. (S. oben S. 11).

b. Lehr-Anstalten.

1. Das Gymnasium (Luisenstraße 23.) in 7 Klassen. Director: Oberschulrath Lex.

2. Das Realgymnasium (gegenüber im Münzgebäude) mit 3 Klassen. Director: Oberschulrath Müller, Taunusstraße 9.

3. Das landwirthschaftliche Institut (auf dem Hof Geisberg), mit einer Versuchs-Wirthschaft versehen

auf einem Areal von etwa 100 Meter Morgen, wovon ⅛ Wiesenland, wird durchschnittlich von 65 Zöglingen besucht, von denen die Hälfte Ausländer sind. Director: Dr. Thomä (Haus Sonneck, am Fuß des Geisbergs). Die Vorträge werden nur im Winter gehalten, während die jungen Leute Sommers auf den Gütern praktisch sich beschäftigen. Das Institut besitzt ein sehr sehenswerthes Museum von Modellen und Naturalien; worunter eine reichhaltige Sammlung von Cerealien und Körnerfrüchten, eine Sammlung aller inländischen Obstarten und Gartenfrüchte, in Wachs, außerdem eine sehr werthvolle Bibliothek. Jeden Dienstag und Freitag Nachmittag von 3 bis 6 Uhr stehen diese Sammlungen dem Besuche und der Benutzung des Publikums offen.

4. Das chemische Laboratorium (Kapellenstraße 6. u. 7.) unter Leitung des Geh. Hofrath Dr. Fresenius, von durchschnittlich 50 Praktikanten besucht.

5. Die Handels- und Gewerbe-Schule des Dr. Schirm (Obere Kapellenstraße über dem Nerothal), von durchschnittlich 200—300 Schülern besucht, worunter 30 Pensionäre.

c. Heil-Anstalten.

1. Wasser-Heilanstalt Nerothal, geleitet von Dr. Genth. In Verbindung damit und unter derselben Leitung steht

2. ein Saal für Heilgymnastik und Electrictät. Die in beiden Anstalten unter tüchtiger ärztlicher Leitung gewonnenen überraschend günstigen Heil-Resultate haben

denselben bereits eine namhafte Frequenz gewonnen. Die neuerdings bewerkstelligte Herstellung eines Kiefernadel-Bades sichert der Anstalt noch eine erhöhete Wirksamkeit. Sämmtliches Trinkwasser bezieht das Haus von dem nahen Marienbrünnchen. (S. unten S. 60).

3. Augen-Heilanstalt, in einem neuen, eigens zu diesem Zwecke erbauten Hause, am Eingang des Nerothals (Taunusstraße 1.). Director: Hofrath Dr. Pagenstecher. Consultations-Stunden für außerhalb der Anstalt Wohnende täglich von 12—3 Uhr.

Eine besondere, in einem Flügelbau des Gebäudes untergebrachte Abtheilung der Anstalt hat den Zweck, auch gering bemittelten und armen Augenkranken die Wohlthaten der Anstalt, entweder gegen geringe Vergütung, oder unter Umständen ganz unentgeldlich zu Theil werden zu lassen und besteht hierzu ein eigener Wohlthätigkeits-Verein. Es gehören aber mehr als ⅚ aller bis jetzt in der Anstalt Behandelten der ärmeren Klasse an. — Am 1. Januar 1856 gegründet, hatte die Anstalt bereits im ersten Jahre ihres Bestehens vorübergehend 1209, bleibend 62, zusammen 1271 Kranke zu behandeln, von denen 272 hiesige Einwohner, 817 Einwohner des Landes und 182 Fremde waren. Von den längere Zeit in der Behandlung gebliebenen 672 Kranken konnten 544 als geheilt, 61 als gebessert, von den in stationäre Behandlung aufgenommenen 62 Kranken aber 48 als geheilt, 4 als gebessert entlassen worden. — In ihrem neuen seit dem 1. April 1857 bezogenen Lokale wird die Anstalt voraussichtlich noch eine erhöhete Wirksamkeit gewinnen.

4. Trauben-Kuranstalt des Badewirths L. Freytag (zum Bären), oberhalb des Dambach-Thales am südlichen Abhang des Geisberg gelegen, von Weinbergen und anderen Anlagen umgeben.

d. Wissenschaftliche Vereine.

1. Verein für Nass. Alterthumskunde und Geschichte, gestiftet 1821. Director: Hofger.-Rath v. Löw (Kursaal-Anlagen). Secretär: Bibliothek-Secretär C. Ebenau (Luisenstraße 3.). Ueber das Museum der Alterthümer s. oben S. 39.

2. Naturhistorischer Verein, gestiftet 1829. Director: Regierungs-Präsident Faber (Rheinstraße 4.). Secretär: Professor Kirschbaum (Luisenstraße 18.). Ueber das naturhistorische Museum s. oben S. 40.

3. Kunstverein, gestiftet 1847. Director: Professor Ebenau (Luisenstraße 3.); Secretär: Hofkammer-Rath Reck (Wilhelmstraße 12.). Ueber die Sammlungen und die permanente Kunstausstellung des Vereins s. oben S. 39.

4. Landwirthschaftlicher Verein, gestiftet 1819. Director: Präsident Magdeburg (Marktplatz 11.); Secretär: Dr. Dünkelberg (Landwirthsch.-Institut auf dem Geisberg). Bis zum Jahr 1834 hatte der Verein nebst dem landwirthschaftlichen Institute seinen Sitz in Idstein. Bei seiner neuen Organisation im Jahr 1849 nahm er den Namen: „Verein Nassauischer Land- und Forstwirthe" an.

5. Gewerb-Verein, gestiftet 1844. Director: Präsident Lex (Friedrichstraße 33.); Secretär: Professor Me-

dicus (Taunusstraße 37.). Das Ausstellungs-Lokal der gewerblichen Erzeugnisse seiner Mitglieder befindet sich im unteren Pavillon der neuen Colonade.

e. Industrielle Anstalten.

1. Industriehalle (Pavillon der südlichen Kolonnade) zur Aufnahme von Gewerbserzeugnissen inländischer Handwerker. Der Verkauf geschieht zu festen Preißen und Seitens des Gewerbevereines mit Garantie für die Preißwürdigkeit der Waare.

2. Die Gesellschaft für Förderung der Seidenzucht im Herzogthum Nassau. — Director: Oberjägermeister v. Gilsa (Mühlenweg 1.), Secretär: Regierungs-Accessist Schmidt — leitet die auf Erzeugung der Rohseide gerichtete Thätigkeit ihrer über das ganze Land verbreiteten Mitglieder und vermittelt das Abhaspeln der gewonnenen Kokons oder deren Absatz an auswärtige Geschäftshäuser. Die nassauische Seide hat sich durch die Qualität und Feinheit ihres Fadens bereits einen vortheilhaften Ruf erworben.

3. Die Filanda für Seidenweberei (Nerostraße 50.), nebst Strohflechtereien, ins Leben gerufen und geleitet durch Rev.-Rath Wagner. Ihre Fabrikate inländischer Seide (in Tüchern, Strümpfen, Jacken, Kleiderstoffen u. dgl.) findet man bei Kaufmann Wolf (Langgasse 17.).

f. Andere Vereine.

1. Verschönerungs-Verein, hat sich durch Eröffnung und Unterhaltung neuer Spazierwege, besonders in den waldigen Umgebungen der Stadt, Errichtung von

Wegweisern und Ruhesitzen u. s. w. um die Annehmlichkeiten des hiesigen Aufenthalts für Fremde sehr verdient gemacht.

2. **Verein zur Abschaffung des Bettelns.** Unter Leitung des Polizei-Beamten (Polizeirath v. Rößler, Langgasse 5.) stehend und von den meisten Einwohnern durch Geldbeiträge unterstützt bestrebt sich derselbe, allen Straßenbettel durch Unterstützung wirklich nothleidender Personen mit Brod, Kleidern oder Arbeit zu unterdrücken, was sich zu nicht geringer Annehmlichkeit auch für die Fremden bereits sehr gut bewährt hat. Sollte wider Erwarten der Fremde einmal von einem zudringlichen Bettler angesprochen werden, so wolle er denselben einfach an das Unterstützungs-Büreau des Vereins im Schützenhof (Langgasse 5.) verweisen.

C. Naturhistorische Bemerkungen.

Wiesbaden verdankt seinen Ruhm den Thermalquellen, die hier dem Schooß der Erde entspringen. Für die Erforschung dieser Quellen sind daher zunächst die Verhältnisse der Gebirgsformationen des Grund und Bodens, dem sie ihren Ursprung verdanken, von besonderer Wichtigkeit. Was die wissenschaftliche Beobachtung über die unsere Stadt umgebenden Gebirgsschichten bis jetzt ermittelt, soll darum hier in einigen kurzen Umrissen niedergelegt werden.

Unsere die Stadt einschließenden Höhen sind die Ausläufer des zum rheinischen System gehörenden Taunus oder der Höhe, wie das Gebirge von je her im Lande selber hieß, ehe der römische Name dafür allgemeiner wurde. Es wird geognostisch durch den **Uebergangs-schiefer** constituirt; geographisch zieht dasselbe von der hessischen Wetterau bis zum Rhein in südwestlicher Richtung in einer Länge von 18 Stunden dahin, mit steilerem Südabfall gegen die Mainebene, mit sanfter sich abflachenden Vorbergen nach dem Thal der Lahn hin. Das Gebirge, im Ganzen von mittlerer Höhe, erreicht bei seinem nordöstlichen Ausgangspunkt die größte Höhe in dem von hier aus sichtbaren großen **Feldberg** (unweit Königstein, 2708') und dem Altkönig (2428'), während die hinter Wiesbaden hervorragenden Berge nur geringere Höhe erreichen, — Platte (1511'), Trompeter (1670') und hohe Wurzel (1874'), — aber wegen ihrer Nähe die kälteren Winde vortrefflich abhalten. Der innerlichen Zusammensetzung nach zerfällt das Gebirg in drei Bildungen, die auch äußerlich in drei **Abstufungen** (Terrassen) angedeutet sind: 1) die niedrigste, von breiten, flachen Hügeln gebildet und aus Sandstein, Thon, Kalk, Sand und Geschieben bestehend, gehört zur Tertiärperiode; 2) die höhere, mehr kegelförmige Berge bildend, führt die charakteristischen Schiefer des Taunus; 3) die oberste, durch steile Abhänge und kammartigen Rücken bezeichnet, besteht in der Regel aus Quarzit. In der Tiefe unseres Thalkessels erscheinen überall Thon und Kalk als die Repräsentanten der älteren Tertiärschichten. Sie nehmen, wenn auch vielfach von Diluvial-Bildungen bedeckt, den ganzen Raum zwischen Erbenheim, Bierstadt und Schierstein ein und sind im Mühlenthal (nahe der Hammermühle) am deutlichsten aufgeschlossen. Dieser Kalkstein und die ihn oft begleitenden Lettenschichten sind ungemein reich an Versteinerungen, meist Mollusken (mehr als 40 Arten), es finden sich aber auch Ueberreste von Säugethieren (10 Arten), im Ganzen 53 Arten Thiere. — Unmittelbar über dieser Tertiärformation lagert die ältere Diluvial-Bildung des Bodens, den in vorhistorischer Zeit die Fluthen des Rheins seeartig bedeckten, bestehend aus Schichten von gröberem und feinerem gelblich grauem Sand, die mit Bänken grober Geschiebe abwechseln. Diese Formation ist durch zahlreiche Knochen- und Konchylienüberreste charakterisirt, die am schönsten in den Sandgruben am Heßler (oberhalb der Biebricher Curve) und vor Mosbach (in den dortigen von der Landstraße durchschnittenen Sand- und Kiesgruben) beobachtet werden können. — Knochen und Zähne vorweltlicher Hirsche, Ochsen, Rhinoceros, Nilpferde und Elephanten finden sich hier häufig genug, außerdem gegen 70 Arten Mollusken (darunter gegen 60 Schnecken-Arten), Land- und Wasserbewohner durch einander.

Diese Diluvial-Sandschichten gehen nach oben unmerklich in Löß und Lehm über, der bei Sonnenberg und Schierstein, wie auch am Heidenberg (Durchschnitt der fortgesetzten Schwalbacher Straße) mächtige Decken über den Tertiärgesteinen bildet.

Die Schiefergesteine des Taunus, die man in normalen und bunten Schiefer abtheilt, sind in der Hauptsache von gleicher Zusammensetzung und bestehen aus Sericit (einem weißgelblich grünen, seidenglänzenden Talk) und Chloritschiefer. Der bunte, d. h. durch Eisenoxyd violett oder roth, oder durch Eisenoxydul mehr grünlich gefärbte

Schiefer ist weithin das verbreitetste Gestein am südlichen Gebirgsabhang; doch kommt der normale westlich und nördlich von Wiesbaden von Dotzheim bis gegen Naurod hin sehr ausgedehnt vor. — Mächtige, die Schieferschichten durchsetzende Quarzgänge treten an manchen Stellen, wo das zerstörlichere Taunusgestein durch Verwitterung verschwunden, in pittoresker Gestalt zu Tage; am großartigsten am Grauen Stein bei Georgenborn und an der Felskuppe, die die Ruine von Frauenstein trägt. — Das Auftreten des Basalts, der an vielen einzelnen Stellen (hier zunächst bei Naurod) den südlichen Abhang des Taunusgesteins durchbricht, ist nirgends von besonderer Bedeutung; doch läßt sich daraus, sowie aus dem Mangel an Versteinerungen und aus der krystallinischen Struktur der Taunusgesteine des Südabhangs (während die des Nordabhangs mehr das Grauwackengestein des Uebergangsgebirges in reinerem Vorkommen zeigen) mit Bestimmtheit erkennen, daß feurig-flüssige Hebungen auf den südlichen Hang des Taunus mit weit stärkerem Einfluß gewirkt haben müssen, als auf den nördlichen.

Der Reichthum des Gebirges an Mineralquellen (man zählt deren im Ganzen 146, was auf einem so engen Raume vielleicht nirgends auf der Erde mehr vorkommt) hat von je her die meiste Aufmerksamkeit der Naturforscher erregt. Für uns ist nur der Quellenzug von Interesse, der chemisch durch den Gehalt an Chlornatrium charakterisirt wird und der in ganz übereinstimmenden geologischen Verhältnissen eine Linie am Südrande des Taunus darstellt, die bei Nauheim beginnt, über Homburg, Soden und Cronthal nach Wiesbaden zieht und von hier aus durch den Eltviller Wald bis Aßmannshausen, hart am Ufer des Rheins, verfolgt werden kann. Da wir die hiesigen Quellen im nächsten Abschnitt einer besonderen Betrachtung unterwerfen, so möge die vorstehende Skizze über die geognostischen Verhältnisse der Umgegend genügen.

Ueber sonstige naturhistorische Verhältnisse der Flora und Fauna unserer Gegend belehren die betreffenden speciellen Schriften (S. oben im Vorwort). Hier genüge die Bemerkung, daß der leicht verwitternde Taunusschiefer und die ihm in weiten Strecken aufgelagerten thonhaltigen Lößschichten den Boden zur Entwickelung einer Vegetation befähigen, die in Fülle und Ueppigkeit an viel südlicher gelegene Landschaften erinnert. Die Kastanie gedeiht vortrefflich und die Weine, welche der nahe Nersberg erzeugt, stehen den besseren Sorten des Rheingau's an Güte und Wohlgeschmack nicht nach.

III.
Die Quellen und Bäder.

A. Die Quellen.

Die warmen Quellen Wiesbadens, sämmtlich nahe bei einander, entspringen (335 Par. Fuß über dem Meere, 110 Par. Fuß über dem Rheinspiegel bei Biebrich) an dem östlichen Fuße des zwischen dem Nero- und Walkmühl-

Thale sich erhebenden Hügelrückens, den man oberhalb der Stadt Heidenberg nennt. Hier zählt man auf einem Flächenraum von etwa 2000 Quadrat-Ruthen 23 warme Quellen, von denen die in einer Linie von Nord-Ost nach Süd-West gelegenen — Kochbrunnen, Adlerquelle und Schützenhof-Quelle — die bedeutendsten sind, unter denen an Wärme und Wasserreichthum wiederum der Kochbrunnen alle anderen übertrifft. — Nach der Analyse von Prof. Fresenius enthält das Kochbrunnen-Wasser:

In 1 Pfd. Wasser = 32 Cubik-Zoll:

Chlor-Natrium	..	52,49779
„ Kalium	...	1,11974
„ Lithium	...	0,00138
„ Ammonium	.	0,12841
„ Calcium	..	3,61720
„ Magnesium	.	1,56603
Brom- „	.	0,02762
Jod- „	.	fl. Spur;
Schwefels. Kalk	..	0,69289
Kieselsäure	.....	0,46018
Kohlens. Kalk	...	3,21055
Kohlens. Magnesia	.	0,07979
Kohlens. Baryt	..	Spur
„ Strontian		Spur
„ Eisenoxydul		0,04339
„ Manganoxydul		0,00453
„ Kupferoxyd		fl. Spur
		63,44914

                    Transport 63,44914
Phosphorſ. Kalk . . 0,00299
Arſenſ. Kalk 0,00115
Kieſelſ. Thonerde . . 0,00392
Organ. Subſt. . . . Spuren

Summe der feſten Beſtandtheile = 63,45720

Kohlenſäure, die mit den einfach
kohlenſ. Salzen zu doppelt
kohlenſ. verbunden iſt . . . 1,47218
Wirklich freie 2,43095

Sogenannte freie Kohlenſäure 3,98313
Stickgas 0,01540

                    Summe der Gaſe 3,91853

     Summe aller Beſtandtheile 67,37573

Hinſichtlich der feſten Beſtandtheile übertrifft die hieſige alle bis jetzt bekannten Thermen, den Karsbader Sprudel z. B. um das Doppelte.

Die Wärme und Waſſermenge der drei Hauptquellen verhält ſich wie folgt:

Kochbrunnen . . . . 17½ Kub.-F. p. Minute bei 55° R.
Adler-Quelle . . . 7   „   „   „   50° „
Schützenhof-Quelle 6   „   „   „   40° „

Weder bei dieſen, noch bei irgend einer der übrigen Quellen in der Stadt iſt eine Veränderung ihres Wärmegehalts, weder bei Tag noch bei Nacht, weder Sommers, noch Winters wahrzunehmen, wie auch ihre Waſſerfülle und ihre heilende Kraft sich zu jeder Zeit als die gleichen erwiesen haben.

Das Wasser erscheint in einem Glas vollkommen farblos, in einem größeren Gefäß dagegen etwas graulich; sein Geruch ist schwach ammoniakalisch und wird mit dem von weich gesottenen Eiern verglichen. — Der Geschmack ist der einer schwachen Fleischbrühe.

Wenn das Thermalwasser einige Zeit lang im Bade ruhig steht, so bildet sich auf seiner Oberfläche schwimmend ein fettglänzendes, in mancherlei Farben schillerndes, meist grauweißliches Häutchen, der sogenannte Quellrahm oder die Badehaut; es ist der durch Entweichung der Kohlensäure entstandene einfache kohlensaure Kalk.

Der gelblich braune Ueberzug, den die warmen Brunnen in ihren Becken absetzen und der in der Umgebung der Quellen den Boden derselben bildet, wird im Laufe der Zeit zu einer dicken, steinartigen Kruste, die man Sinter nennt, ein weiches, krystallinisch gefügtes, aus den kalkigen Niederschlägen der Quellen gebildetes Mineral, durch Zusatz von Eisenoxyd röthlich-braun gefärbt und selbst abfärbend. Die Abzugskanäle, in denen er sich massenweise anhäuft, müssen alljährlich gereinigt werden. — Durch diese Quellen und ihre Vertheilung in dem Quellbezirk erhält der Boden eine ansehnliche Wärme; bei 6—12' Tiefe findet man hier überall warmes Wasser und Keller können daher hier nicht angelegt werden. Dafür ist die Temperatur des Bodens um 4—10° höher als in der Umgegend. In größere Tiefe ist im Quellbezirk, aus Besorgniß wegen möglicher Beeinträchtigung der bestehenden Quellen, noch nicht eingegraben worden.

Außer den obengenannten Hauptquellen entspringen noch etwa 20 Quellen von ganz gleicher Beschaffenheit in diesem Bezirk; sie liegen meist in Bade- und Gasthäusern der Spiegelgasse, Webergasse, Langgasse und Häfnergasse, bieten aber kein besonderes Interesse dar.

An kalten Quellen ist die Umgegend reich genug und an frischem, gesundem Trinkwasser liefern innerhalb und in der Nähe der Stadt Brunnen und Quellen die reichhaltigste Auswahl. Die laufenden Brunnen in der Stadt empfangen, namentlich der Stadtbrunnen am Marktplatze, ihr Wasser durch Röhrenleitungen größtentheils vom Kieselborn unterhalb der Platte. Eine besondere Erwähnung als beliebte Wasserspender verdienen:

1) Das ehemals mit Bäumen umgebene und schön eingefaßte Wiesenbrünnlein, jetzt ein Auslauf hinter der neuen Kolonade. Temperatur $= 7^{1}/_{2}°$ R. Wird wegen seines in Folge seines Gehalts an Kohlensäure etwas pikanten Geschmacks viel getrunken.

2) Der auch von Fremden stark benutzte Faulbrunnen (Temperatur $= 10°$ R.) in der Schwalbacher Straße, mit krystallhellem Wasser von schwachsalzigem Geschmack, riecht nach Schwefelwasserstoff.

3) Das Marien-Brünnchen im Nerothal, am Fahrweg rechter Hand. (Temperatur $= 7^{1}/_{2}°$ R.) Fast ohne alle Beimischung, das reinste Wasser.

B. Wirkungsweise der Quellen.

Der wichtigste Bestandtheil der Wiesbader Thermen, von dem daher die wesentliche Wirksamkeit derselben abhängt, ist das Chlornatrium, das im Blute aufgenommen eine mächtige Wirkung auf alle Gewebe ausübt. Dies äußert sich durch beförderte Absonderungen in allen Schleimhäuten, besonders des Darmkanals, sowie durch vermehrte Abscheidung größerer Gewichtstheile von festen Substanzen des Urins. In Verbindung mit ihren übrigen Bestandtheilen wirkt aber die Quelle auch wieder kräftigend und ist unter dem Einfluß der ihr eigenthümlichen Wärme auf den krankhaften Organismus von dem wohlthuendsten Einfluß. Gleichzeitig mit den erwähnten Absonderungen vermehrt sich die Hautthätigkeit stark, das Nervensystem wird durch Herstellung der Thätigkeit von Haut und Nieren gekräftigt und es stellt sich ein Gefühl von Wohlbehagen und Eßlust ein. Uebrigens erfordert der besondere Zustand des Kranken bald diese bald jene Modifikation in der Anwendung der Therme, wodurch deren Wirkungsweise die mannichfachsten Formen annehmen kann. Aber auch ein Zustand der Erschöpfung, wie er in Folge der Heilbestrebungen des durch die Kur erregten Organismus und in Folge der dabei stattfindenden vermehrten Ausscheidungen erwartet werden dürfte, kann nicht aufkommen, da die verbesserte Blutbildung und der lebhaftere Stoffwechsel jener Wirkung das Gegengewicht halten. Bei dem innerlichen Gebrauch der Therme (zum Trinken) und bei dem äußerlichen (zum Baden) ist endlich noch der Unterschied hervorzuheben, daß bei ersterer vorzugsweise die chemische Zusammensetzung, bei letzterer besonders die Wärme des Wassers entscheidend wirkt.

Nach allen Erfahrungen kann die Haupt-Wirkungsweise unserer Quellen übrigens nur als eine mehr allgemeine bezeichnet werden, die darin besteht, daß sie die angesammelten Krankheitsstoffe zu zerlegen, den Organismus zu kräftigen und durch Erzeugung einer heilsamen Reaction die Krankheit zur Ausscheidung zu bringen vermögen. Erfahrungsgemäß sind es jedoch allerdings vorzugsweise solche Leiden, die auf rheumatischer Grundlage, aus gichtischer Dyskrasie sich entwickeln, gegen welche die Wirkung unserer Thermen am ausgesprochensten gerichtet ist. Daher werden am erfolgreichsten hier geheilt: Gicht, Rheumatismus und die durch diese bedingten Folgekrankheiten: Störungen im Blutkreislauf, Störungen im Nervenleben, z. B. Nervenschmerzen (Neuralgie), Nerven-Lähmungen (Paralysen), ferner Hautkrankheiten u. dgl. Durch Linderung und Heilung von Gebrechen und Wunden, die aus Kriegsstrapazen herrühren, hat unsere Therme zu allen Zeiten um die leidende Menschheit sich besonders verdient gemacht. Im Ganzen bilden von allen Kranken, die hier Heilung suchen, die mit Rheumatismen Behafteten etwas mehr als die Hälfte; die Nervenleidenden etwa ein Viertheil; der Rest — $1/4$ oder $1/5$ aller Kranken — sucht gegen mannichfache andere Gebrechen hier die erwünschte Abhülfe.

C. Kurzgefaßte Brunnen- und Bade-Diätetik.

Für alle, welche die Kur mit Nutzen gebrauchen wollen, gilt im Allgemeinen die Regel, zu einer einfachen und naturgemäßen Lebensweise zurückzukehren, da die meisten Krankheiten, welche hier geheilt werden sollen, in der Verleugnung dieser wichtigsten Gesundheitsregel ihre Quelle haben. Insbesondere lasse sich der Kranke Nachfolgendes wohl empfohlen sein:

1) Körperliche Bewegung in freier Luft, in dem Maße jedoch, wie Körperconstitution und Kräfte solches zulassen. Leute, die meist eine sitzende Lebensart führten, und daher bei körperlicher Bewegung leichter ermüden, werden gleichwohl den wohlthätigen Einfluß derselben auf ihren Körper bald wahrnehmen.

2) Sorgfältige Behütung vor Erkältung. Gerade in den Sommermonaten ist diese Vorsicht besonders nothwendig, indem die frühen Morgenstunden oft kühl sind und auch gegen Abend die Temperatur der Luft oft ziemlich schnell abnimmt. Bei Wagenfahrten oder größeren Ausflügen überhaupt versehe man sich stets mit Mänteln und Ueberzieh-Kleidern, um bei etwaigem plötzlichem Witterungswechsel oder bei hereinbrechender Abendkühle sich sichern zu können. Bei dem ersten Frostgefühl sorge man sofort für eine kräftige Bewegung oder lege dichtere Kleider an. Während der Periode des Brunnentrinkens sind alle diese Vorsichtsmaßregeln doppelt streng einzuhalten.

3) In Beziehung auf Nahrungsmittel und Getränke ist Mäßigkeit die goldene Regel, wenn die Kur nicht

mißglücken soll. Es sind ferner ganz zu vermeiden alle schwer verdaulichen Speisen — wie Hülsenfrüchte, fettes Fleisch, Käse, Backwerck von Butterteig, Salat, frisches Obst und alle stark gewürzten Speisen; am zuträglichsten sind leicht verdauliche Fleischspeisen und frische Gemüse. Als Getränk ist Wasser das zuträglichste; der Kafe sollte nicht zu stark genommen werden; Bier und Wein (leichter Sorte) jedenfalls nur, wenn der Arzt es zuläßt.

Was den Schlaf betrifft, so sind 7 Stunden hinreichend und ist hierzu die Zeit von 10 Uhr Abends bis 5 Uhr Morgens am angemessensten. Der Schlaf nach Tische, indem er starke Congestionen verursacht, möge von dem Brunnentrinker sorgfältig gemieden werden. Wer daran gewöhnt ist, der suche sich durch körperliche Bewegung oder andere Beschäftigung davon abzuziehen.

Alle Leidenschaften, alle Ausschweifungen des Körpers, alle Aufregungen, wie z. B. beim Tanzen, vermeide der Kranke; ebenso suche er aller niederdrückenden Gedanken und Erinnerungen sich zu entschlagen, beherzige vielmehr in Beziehung auf seine Gemüths-Stimmung die goldene Wahrheit, die als Inschrift über dem Portal des Badehauses zu den Vier Jahreszeiten in lateinischer Sprache zu lesen steht: „Von Sorge frei tritt her an diesen Ort, auf daß du von Krankheiten frei wieder hinweggehen könnest: denn nicht wird hier geheilt, wer Sorge trägt." — Erheiternde Gesellschaft, wenig anstrengende Lektüre, musikalische Genüsse müssen verscheuchen helfen, was von trüben Gedanken aus dem Kreise des

Familien- oder Berufs-Lebens etwa dem Kranken noch ankleben sollte.

Die Mehrzahl unserer Kurgäste macht von unserm Thermalwasser in Form von Bädern Gebrauch. Ein Wärmegrad von 27° R. wird von den meisten Patienten gut vertragen, natürlich mit allerlei Modifikationen für den besonderen Fall. Die Dauer des Bades wechselt von ¼ bis 1 ganze Stunde. Die Tageszeit, die Zahl und den Zustand der Bäder kann nur der Arzt für den besonderen Fall bestimmen. Gleich nach dem Brunnentrinken, unmittelbar vor Tische oder bei ganz nüchternem Magen, sowie mit vollem Magen zu baden, muß unbedingt widerrathen werden. — Man steige langsam in das Bad, nehme darin eine sitzende Stellung ein und reibe sich von Zeit zu Zeit die einzelnen Körpertheile soviel als möglich, ohne sich dabei zu ermüden. Zu Schlaf, Ohnmacht und ähnlichen Zufällen geneigte Personen sollten nie ohne Begleitung baden. Bei starkem Blutandrange nach dem Kopfe lege man einen mit kaltem Wasser getränkten Schwamm auf den Kopf. Nach dem Heraussteigen trockne sich der Kranke schnell ab und verweile nach dem Ankleiden noch einige Minuten in seinem Badekabinet. Alsdann ist es unumgänglich, wenigstens ½ Stunde auf dem Bette mäßig zugedeckt zu ruhen, um die durch das Baden geöffneten Poren wieder in ihren früheren Stand zurückzuführen.

Mit dem Baden wird in den meisten Fällen das Trinken der Quelle verbunden. Dies geschieht am Kochbrunnen, Morgens zwischen 5 und 7 Uhr; das Wasser wird am besten an der Quelle geschöpft und ohne Zusatz von schon erkaltetem getrunken. Ob viel oder wenig Bewegung dabei statt finden muß, hängt von dem Zustand des Kranken ab.

Die geeignetste Jahreszeit für den Gebrauch unserer Quellen sind die Monate Mai bis September. Da in den Monaten Juli und August das stärkste Zusammenströmen von Kurgästen und Durchreisenden statt zu finden pflegt, so ist der Kranke um diese Zeit den unvermeidlichen Unannehmlichkeiten ausgesetzt, welche beschränkte Auswahl der Wohnungen, Theurung und weniger ausreichende Bedienung mit sich bringen. Wem es die Verhältnisse gestatten, der sollte daher seine Kur wo möglich im Mai beginnen. Die während dieser — gewöhnlich 3—6 Wochen dauernden — Periode sich steigernde Temperatur der Luft unterstützt besonders die Hautsecretionen und macht es möglich, daß der Genesende nach seiner Abreise auch in einem veränderten Klima den Nachwirkungen seiner hiesigen Kur ungestört obliegen könne. — Bei dieser Gelegenheit möge nicht unerwähnt bleiben, daß auch Molkenkuren hier mit gutem Erfolg begonnen haben und daß ein Schweizer jeden Morgen am Kochbrunnen frische Ziegen-Molken ausschenkt.

Auch Winterkuren sind hier schon vielfältig mit Glück versucht worden. Die günstigen klimatischen und Bodenverhältnisse nämlich, von denen oben die Rede war, haben Wiesbaden als Winteraufenthalt für Kranke und Gesunde seit einer Reihe von Jahren immer mehr in Aufnahme gebracht und wer die oben aufgeführte Liste der Unterhaltungen und geistigen Anregungen durchgeht, die dem Fremden hier von allen Seiten aufs Entgegenkommendste dargeboten werden, wird gestehen müssen, daß gegen das Uebel der Langeweile hinreichende Hülfsmittel zu Gebote stehen. Die durchschnittliche Fremden-Frequenz betrug in den letzten Jahren im Sommer (Mai — October) etwa 10000 Durchreisende und 15000 Kurgäste, im Winter (November bis April) über 1200 Fremde. Da in dieser Jahreszeit die meisten Badehäuser leer stehen, so ist dannzumal der Miethpreiß der Wohnungen so gering als möglich, sodaß auch weniger Bemittelte von einem Winter-Aufenthalte dahier ohne große Opfer Nutzen ziehen können.

IV.
Spaziergänge und Ausflüge.

Wiesbadens glückliche Lage in einem Kesselthal, zu dem von allen Seiten die Berge sich herabsenken, bietet nach allen diesen Seiten hin schon von Natur eine Menge der mannichfaltigsten Wege und Pfade, im ebenen Thalgrund wie über Berg und Thal, so daß dem Freund der Natur, und wenn er noch so lange dahier verweilt, die schönsten Abwechslungen hierin zu Gebote stehen.

Die ganze Gegend ist reich an lieblichen wie an romantischen Partieen; dunkle Waldgründe und anmuthige

Wiesen rücken im W. und N. ganz nahe an die Stadt heran, während nach S. und O. mehr Ackerfluren und Obstanlagen sich ausbreiten. Zu den höher gelegenen Punkten der Berge, welche die überraschendsten Aussichten eröffnen, führen bequeme Wege; auch sind es vorzugsweise die Berge, auf denen schon von Ferne der Blick am liebsten verweilt, die herrlichen Waldungen, die den Fremden anlocken der Stadt zu entfliehen, um in ihrem Schatten zu weilen, frische Labung zu gewinnen und von ihren aussichtreichen Höhepunkten den Blick über Stadt und Land schweifen zu lassen. Zu den wichtigeren Punkten in Nähe und Ferne sind bequem fahrbare Straßen angelegt; zahlreiche Fußsteige setzen die Fahrstraßen und die einzelnen Aussicht-Punkte unter einander in Verbindung. Die anmuthigsten mit Ruhesitzen und Wegweisern versehenen derartigen Wege verdankt man den Bemühungen des Verschönerungsvereins.

Indem wir hiermit zur Beschreibung der wichtigeren einzelnen Wege und der von ihnen berührten Unterhaltungsorte übergehen, werden wir mit Genauigkeit, aber nur in kurzen Andeutungen auf Alles aufmerksam machen, was irgend bemerkenswerth erscheinen kann. Um Wiederholungen zu vermeiden, ist bei den Ausflügen, zu welchen andere schon beschriebene hinführen, auf letztere durch Angabe der Nummer verwiesen worden. Zu bequemerer Orientirung wird dabei auf die im gleichen Verlag erschienene „Karte der Umgegend von Wiesbaden, von Werren" verwiesen, die auch über die geringfügigsten Fußpfade der Umgegend — auf 1½ Stunden im Umkreis — die befriedigendste Auskunft ertheilen wird. Zunächst und am ausführlichsten betrachten wir

I. **Die näheren Ausflüge.**

Wir verstehen darunter solche Wege, die man, in einem halben Tage etwa, mit Bequemlichkeit und Genuß zurücklegen kann. Je nachdem der Fremde hierzu entweder eines Wagens sich bedienen mag oder auf eignen Füßen zu wandeln vorzieht, haben wir dabei Fahr-Particeen und Fußwege von einander zu scheiden.

A. Fahr-Particeen.

(No. 1—12.)

1. Biebrich.

Die neu angelegte Fahrstraße, von doppelten Kastanien-Alleen eingefaßt, verläßt die Rheinstraße am Luisenplatz (gegenüber Nr. 11 des Plans), zieht ¼ Stunde lang, ziemlich genau in der Richtung der alten römischen Militärstraße vom Castell oberhalb Wiesbaden zum Castell am Rhein — gegenüber Mainz — gegen die Höhe sanft ansteigend und steigt dann den Mosbacher Berg hinan, auf dessen Höhe die Bierwirthschaft zur Adolfshöhe (von Prinz) einen genußreichen Aussichtspunkt über die wunderherrliche Fluß- und Gebirgslandschaft darbietet. Die Straße bleibt auf dem ebenen Bergrücken; zur Linken tritt der alte Wartthurm von Erbenheim und das Städtchen Hochheim, weiterhin Mainz und zur Rechten der Rheinspiegel und die obere Partie des Rheingaus immer deutlicher hervor. Nach einer starken Viertelstunde senkt sich die durch ehemalige Sandgruben (Rheinsand mit zahlreichen Knochen und Konchylien des Diluviums) geführte Straße sanft abwärts, überschreitet dicht vor Mosbach auf einer Brücke die Rheing. Bahnlinie und führt dann durch Mosbach (Kirche mit schlankem Spitzthurm) und Biebrich (Grenze am Schulhaus), rechts von einer Kastanien-Allee und der Ringmauer des herzogl. Parkes, dann von dem offenen Parke und seinen Gewächshäusern begrenzt, sanft absteigend bis zum Rheinspiegel, dem das imposante herzogl. Schloßgebäude seine Fronte zuwendet. — Wer Schloß, Park und Burg in Augenschein nehmen will, verläßt hier den Wagen, um eine Fußwanderung durch den Park anzutreten, wobei er, um den Weg nur einmal machen zu müssen, den Wagen nach Mosbach zurückfahren und dort bei der Kirche kann halten lassen. Wer dagegen zu Fuß oder vermittelst einer der beiden Eisenbahnen nach Wiesbaden zurückzukehren vorzieht, möge den Wagen nur bis zum oberen Thore des Parks in Mosbach benutzen und von hier aus seine Fußwanderung durch den Park antreten. Wenn man den Wagen gern noch weiter benutzen möchte, so mag der Kutscher in der Nähe des Schlosses bei der „Krone" halten und warten. — Um den Eindruck der Rheinlandschaft länger zu genießen, fährt man entweder auf der Landstraße, zwischen dem Schloß und dem Rhein-Quai nach Schierstein (25 M.) und wieder zurück (Gasthof zur Krone, dem Schloß gegenüber, mit reizend gelegenem Garten) oder aufwärts an den Zollgebäuden vorüber zum Europäischen Hof, zum Hôtel Bellevüe oder zum Rheinischen Hof, dicht am Rhein, dessen Garten und Zimmer besonders stromaufwärts nach dem nahen Mainz hin eine unvergleichliche Aussicht darbieten.

1. Der Ort ist aus den beiden nahegelegenen Dörfern Mosbach und Biebrich, die jetzt räumlich vereinigt sind und eine Civilgemeinde bilden, erwachsen und bildet jetzt ein Städtchen von 4000 Einwohnern. Biburg (wo Kaiser Ludwig der Deutsche im Jahr 874 zu Schiffe steigt) und Moskebach mit ihren wohl damals schon herrlich angebauten Fluren und Rebbergen waren noch im Jahr 992 ein kaiserliches Kammergut, das Otto III. damals auf Bitte seiner Großmutter Adelheid dem Benedictiner-Kloster Seltz im Elsaß zum Geschenk macht, von dem es König Adolf von Nassau 1296 wieder zurückkauft, um mit den schönen Gütern seine neue Klosterstiftung Clarenthal zu begaben. Das Stift St. Simeon zu Trier, dem Kirche und Zehnten zu Mosbach seit 1060 als Eigenthum zustanden, schenkte 1472 diese Kirche dem Kloster Eberbach im Rheingau und verkaufte ihm den Pfarreizehnten. Noch heute zeigt das Pfarrhaus (gegen die Straße hin) das schöne Wappen seines Erbauers, des Abtes Alberich (1696), mit Inschrift.

2. Das Schloß, im Styl der Versailler Renaissance, durch den um Stadt und Land hochverdienten, kunstsinnigen Fürsten Georg August († 1721) in den Jahren 1704—1706 erbaut, die einzige Fürstenwohnung am Rheinstrom und auch sonst, durch Lage und Umgebung, einzig in seiner Art. Es ist seit 1744 Residenzschloß der Fürsten (seit 1806 Herzoge) von Nassau-Usingen, und seit deren Aus-

sterben (1816) an die jetzt regirende Linie (von Nassau-Weilburg) übergegangen. Seitdem hat es mehrfache Verschönerungen erfahren. Den architektonischen Glanzpunkt des Gebäudes bildet der erhöhete Mittelbau, ein Rondel, auf dessen Dache, bei Anwesenheit der Herrschaft, die herzogliche Fahne weht. Den prächtigen Marmorsaal seines Innern mit gewölbter Kuppel werden Freunde moderner Prachtbauten mit hohem Interesse besuchen; die Aussicht von seinem Söller sollte kein Freund schöner Natur ungenossen lassen. Die so übel zugerichteten Statuen, Figuren aus der Götterwelt darstellend, auf dem Dachkranz des Mittelbaues, bilden in ihrer dermaligen Verstümmelung eine historische Erinnerung an die Belagerung von Mainz von 1793, wobei Biebrich und das Schloß, von einer preußischen Truppenabtheilung besetzt, eine Zeit lang den Kugeln einer auf der Petersau postirten französischen Batterie ausgesetzt war. Der anstoßende Gesellschafts-Saal mit seinen Kostbarkeiten in Porzellan- und Krystallvasen, sowie mehrere andere Gemächer, sind in hohem Grade sehenswerth, und bei der hohen Liberalität, womit Fremden der Zutritt verstattet wird, leicht zugänglich. Man wolle zu diesem Zweck auf der Hauptwache (östlicher Flügel) anfragen.

3. 'Der in englischem Geschmack angelegte Park, dessen anmuthreiche Particen am Rheine beginnen und eine volle Viertelstunde davon bei Mosbach endigen, ist von jeher mit seinen lieblichen Blumengruppen, seinen reizenden Fontainen und Wasserspiegeln, seiner mächtigen Allee schattiger Kastanien, von dem saftigsten Grün der Matten

unterbrochen, als ein Glanzpunkt der Gegend von nah und fern aufgesucht worden. Die innere Einrichtung seiner Gewächshäuser und seiner Anlagen, sowie aller ähnlichen Anlagen am Kursaal, der griech. Kapelle ꝛc. wird dem Talent des Garten-Director Thelemann verdankt. Der Park hat in neuerer Zeit durch sein Glashaus eine Schönheit mehr gewonnen, die unwiderstehlich anzieht und jedes unverdorbene Gemüth mit reiner Freude erfüllt. Einen Besuch im Innern dieser blühenden duftenden Räume voller Poesie sollte Niemand ohne dringende Noth verabsäumen.

4. Die Burg bei Mosbach. Von Gräben eingeschlossen, von einem Teich umgeben, nahe dem oberen Ende des Parks, bildet dieses kleine Gebäude eine romantische Verzierung der schönen Naturanlagen. Herzog Friedrich August hat dasselbe 1806 auf den Grundmauern einer älteren verfallenen Burg errichten lassen, jener „adeligen freien Burg zu Mosbach", welche seit 1657 von den Herren Pentz von Pentzenaw, (die sie von den Grafen von Nassau-Sarbrücken zu Lehen trugen), und mit Genehmigung des regirenden Lehnsherrn den Namen „Pentzenau" geführt hat. Das Innere wird dermalen und seitdem es dem verdienstvollen Bildhauer Hopfgarten aus Berlin († 1856) zum Atelier eingeräumt ward, noch für Zwecke der Bildhauerei verwendet. Sehenswerth sind 6 alte Grabmonumente, die aus der Kirche der (1804) säcularisirten Abtei Eberbach hierher gebracht wurden. Am Eingang rechts:

1. Graf Philipp der Jüngere von Katzenelnbogen, der als der letzte Sprößling seines edlen Geschlechtes auf einem

Turnier zu Basel (1454) sein Leben einbüßte. — Gegenüber 2. Graf Johann III. von Katzenelnbogen † 1444. — Vor dem Eingang in's Innere: rechts Graf Philipp der Aeltere von Katzenelnbogen († 1479), Vater von N. 1. — Links: 4. Graf Philipp II. von Nassau-Weilburg († 1492). Im Corridor, dem Eintretenden gegenüber, 5. Graf Johann I. von Katzenelnbogen († 1357), eine wahre Heldengestalt. — Neben demselben, rechts: 6. Graf Eberhard I. von Katzenelnbogen († 1312), Mutterbruder König Adolfs von Nassau und eine historisch höchst einflußreiche Persönlichkeit als Freund und Rathgeber der Könige Rudolf von Habsburg und Adolf. — Von dem Söller der Burg eröffnet sich ein sehr lohnender Ueberblick über Park und Rheinlandschaft.

Beim Ausgang aus dem Park durch das Gitterthor am oberen Ende befindet man sich nur wenige Schritte von dem Stationshäuschen der Rheingauischen Bahn, deren Züge zur Rückkehr nach Wiesbaden benutzt werden können. (S. Anhang II, b).

2. Schlangenbad.

Vom Ende der Schwalbacher und Luisenstraße, die Artilleriekaserne zur Linken, gerade aus zwischen Obstbäumen, auf der Höhe links (15 M.) ein Nußbaum, hinab zum Dotzheimer Bach bei Kahle-Mühle vorüber (15 M.), abermals zur Höhe hinauf, wo Rhein auf und ab sich die schönste Landschaft entfaltet und dann, mit Ueberschreitung der Rheing. Eisenbahn, nach Schierstein (½ St.). — Gute Wirthschaften zu den drei Kronen und zur goldenen Krone. — Die Rheingauische Landstraße bleibt noch 20 Minuten in der Nähe des Rheins, dann rechts hinüber nach (½ St.) Neudorf, dessen Bergabhänge einen vortrefflichen Wein erzeugen, der oft unter dem Namen des benachbarten Rauenthal mit verkauft wird. — Auf der Höhe zur Linken über dem Thaleingang erblickt man schon von Weitem das schöne Landhaus von Herber in Eltville. Bald (5 M.) erreicht man das Kloster Tiefenthal, jetzt ökonomischen Zwecken (als Mühle u. dgl.) dienend. Einst war es, im 12. Jahrhundert, von Benediktiner-, hernach von Cistercienser Nonnen bewohnt, und stand seit 1242 unter der geistlichen Visitation des Klosters Eberbach. Im Bauernkriege 1525 wurde es hart mitgenommen, besonders auch darum, weil seine Gebäulichkeiten in die alte Landwehr, das Gebück, hineingebaut waren und darum die Landesvertheidigung schwächten, weshalb das Landvolk die Mauern abbrechen wollte. Das Kloster ist 1572 abgebrannt, später wieder nothdürftig hergerichtet, im Jahr 1803 aber säcularisirt und in eine Herzogl. Domäne verwandelt worden. Die Kirche wurde 1825 leider niedergerissen.

(½ Stunde) Schlangenbad, an dem Bach Waldaffa (Walluf), der die Gauen Rheingau und Königsgau von einander schied, war noch im 17. Jahrhundert wenig bekannt und seine warmen Quellen wenig benutzt. Seinen Namen erhielt der im Jahr 1694 von Hessen-Cassel angelegte Ort von den damals sehr häufigen, jetzt seltener gewordenen Schlangen, von unschädlicher und leicht zähmbarer Art, die in den Wäldern oft 4—5 Fuß lang werden. Domkapitulare und andere geistliche Größen aus Mainz und Umgegend waren im Verlaufe des vorigen Jahrhunderts seine ständigen Gäste.

Durch Austausch kam dieser Landstrich im Jahr 1816 von Hessen an die Nassauische Regierung, unter der das kleine Bad und seine friedlich stille Umgebung viele vortheilhafte Umgestaltungen erfuhr. Das neue Schweizerhaus auf der Höhe ist nach den Plänen des Architekten Jppel 1852 eigens für den Gebrauch der Kaiserin von Rußland angefertigt worden.

3. Dotzheim und Frauenstein.

In schnurgerader Linie führt vom westlichen Ende der Luisenstraße ein guter, mit Obstbäumen eingefaßter Fahrweg in ¾ Stunde nach Dotzheim, das in einer Vertiefung von Obstbäumen fast versteckt liegt. Mitten im Dorfe wendet sich der Fahrweg rechts, an dem Bache aufwärts, der von hier nach Mosbach fließt und bei dem Schloßpark zu Biebrich in den Rhein fällt. Pittoreske Felsgruppen oberhalb des Dorfes erscheinen zur Rechten, die Straße windet sich links einer Anhöhe hinauf und tritt hier, wo ein schöner Rückblick über die ganze Gegend bis Mainz hin sich eröffnet, in Niederwald ein, dann wieder etwas abwärts zwischen Obstbäumen hin, bis zur Linken die Gebäude des Nürnberger Hofes zum Vorschein kommen, zu dem (½ Stunde von Dotzheim) eine Allee hinführt. Der herrlichen Rheinansicht wegen, die er mit seinem rebenbelaubten Garten gewährt, und die schon Göthe lieb gewonnen und gepriesen hat, bildet dieser Hof, mit einer guten Wirthschaft versehen, den Zielpunkt vieler Ausflüge und ist diese Partie um so belohnender, da man den Rückweg von hier aus über Frauenstein und Schierstein nach Wiesbaden nehmen kann.

Frauenstein (¼ Stunde vom Nürnberger Hof) in einem engen Thale, das ein Quarzfels durchsetzt, über dem der wohlerhaltene Hauptthurm einer längst verschwundenen Burg sich erhebt, die der Familie der im 13. Jahrh. mächtigen Marschälle von Browinstein ihren Ursprung verdankt. Die Felskuppe ist jetzt bequem zugänglich gemacht. — Berühmt und eine der größten Sehenswürdigkeiten der ganzen Gegend ist die uralte, 27 Fuß im Umfang messende Linde neben der Kirche, deren Aeste von einem Gerüste gestützt werden. Die Sage führt ihre Pflanzung auf die Zeiten der Kreuzzüge zurück.

Der Fahrweg wendet sich links durch ein Thälchen, dessen steile Bergwand zur Linken bis zum Nürnberger Hofe hinauf mit Weinbergen bedeckt ist, in 10 Minuten zu dem Hofe Grorod, einem ehemaligen Rittersitz, und von da weiter hinab dem Rhein zu und trifft (¼ Stunde) mit der Rheingauer Landstraße zusammen, die nach Schierstein und Biebrich führt. Von Schierstein, wo die ausgewählte Sammlung des Archivar Habel (an Alterthümern und Kunstgegenständen) eine besondere Hervorhebung verdient, führt aber auch (dicht am oberen Ende des Ortes) ein ziemlich guter Fahrweg links über die Höhe direkt nach Wiesbaden (1 Stunde), der unmittelbar an dem Punkte die Stadt erreicht, wo der Weg nach Dotzheim sie verläßt.

Zu Wagen erfordert der angegebene Ausflug, einschließlich eines kurzen Aufenthalts am Nürnberger Hof und in Frauenstein, wohl einen ganzen Nachmittag.

4. Clarenthal und Chausséehaus.

Am oberen Ende des Michelsberges verläßt die nach Schwalbach führende Landstraße, von der Schwalbacher Straße aus, die Stadt und führt zwischen Gärten, Landhäusern und drei Mühlen, rechts auf der Höhe die Bierbrauerei zum Riether Berg, bei dem Bach sich links durch das Thal wendend der Höhe hinan (10 Minuten). Hier gabelt sich mit ihr (rechts) die neue Landstraße in's Aarthal (Ausfl. Nro. 13.). Zwischen Obstbäumen erreicht sie die Höhe, wo Pfähle zur Rechten den Exercierplatz kennzeichnen; rechts im Thale erkennt man am Waldesrand die Walkmühle, links den schönen Wiesengrund der Wellritzmühle. Zum Wellritzthale hinabsteigend berührt man rechts die Klostermühle (20 Min.); die Straße steigt, von Nußbäumen begrenzt, sanft bergan, und Clarenthal (5 Min.) ist erreicht.

Einst ein Kloster der Schwestern vom Orden der h. Clara, die merkwürdigste Stiftung des Königs Adolf von Nassau und seiner Gemahlin Imagina (6. Januar 1298), diente dasselbe eben dieser Imagina in ihrer letzten Lebenszeit († um 1318) zum Aufenthalt, sowie denn die Schwester des Königs (Richardis † 1311) und dessen Tochter Adelheid († 1338) darin den Schleier nahmen. Meist waren es Töchter des höheren Adels aus der Umgegend (von Hanau, von Epstein, von Homburg, von Nassau, von Wild- und Rheingrafen u. a.), die den Convent bildeten. —

Die Kirche des Klosters, mit Fresko- und Glasmalereien herrlich ausgeziert, diente vielen angesehenen Personen, besonders den Grafen von Nassau, lange Jahre als Begräbnißstätte, und war mit zahlreichen, vortrefflichen Monumenten verziert. — 1553 ist der Convent bis auf eine Nonne ausgestorben und der Landesherr, Graf Philipp, übernahm auf Ansuchen 1560 die Verwaltung der zerrütteten Güter, deren Gefälle für milde Zwecke verwendet wurden, indem Graf Ludwig von Nassau-Sarbrücken (1610) hier ein Landspital errichtete, in welchem über 200 arme Leute beiderlei Geschlechts Aufnahme und Verköstigung fanden. Das große Hofgebäude (jetzt ein Domanial-Pachthof) mit dem schönen Wappen der Grafen von Nassau-Sarbrücken über dem Eingang, wurde 1622 errichtet; die Hofgüter jedoch im Verlauf des 30jährigen Krieges (seit 1630) von einer kaiserlichen Commission eingezogen und den Jesuiten übergeben, die bis 1650 hier im Besitz verblieben. Nach und nach gingen, in weltlicher Verwaltung, die Kirche und andere fernerhin unnütze Gebäude zu Grund; eine Glasfabrik und Spiegel-Manufactur, die seit 1706 hier eine Zeit lang bestand, später eine Papierfabrik und andere industrielle und ökonomische Einrichtungen haben die letzten Ueberreste der Kirche spurlos vernichtet. Nur ein Theil des Kreuzgangs besteht noch — zu Wohnungen eingerichtet; an denselben stößt der jetzige, mit einem Thürmchen versehene Betsaal der kleinen evangelischen Gemeinde, die sich nach und nach um den Hof angesiedelt hat. Sie bildet einen Bestandtheil der Civilgemeinde von Wiesbaden. Die alten, zum

Theil nach Wiesbaden in und an die Pfarrkirche in Sicherheit gebrachten Monumente sind längst durch Verwahrlosung zu Grunde gegangen; zwei derselben (eins in dem Kirchlein, eins in dem Wohnhaus) sind noch wohl erhalten.

Durch herrliche Waldung, zur Rechten eine Zeit lang den Blick über die Klosterstätte und die nahe Fasanerie (Ausfl. Nr. 18) verstattend, steigt die Landstraße in $\frac{1}{2}$ Stunde zum C h a u s s e e h a u s (1124') hinauf, einer ansehnlichen Försterwohnung (zugleich Wirthschaft), die von ihren Fenstern oder von dem in den Aesten einer nahe stehenden Eiche angelegten Bretterboden eine wunderbare Aussicht über die Gegend bis zur Bergstraße hinauf und zum Hunsrück hinüber gewährt. — Unvergleich ist in dieser Beziehung jedoch noch ein anderer, höher gelegener Punkt, der durch seine, einen festen Quarzit liefernden Steinbrüche bekannte S c h l ä f e r s k o p f, (1380') zu dem auf einem steileren Wege, der nahe hinter dem Chausseehaus rechts in den Wald hinauf führt, der Fußgänger in $\frac{1}{4}$ Stunde gelangt. Freunde und Kenner der Schönheiten der Natur sind unschlüssig, ob sie diesem Standpunkt, der mit der nahen, von der Straße überschrittenen Kammhöhe des Gebirges, h o h e W u r z e l genannt (1874' über M.), ungefähr die gleiche Rundsicht gewährt, oder dem von der Plattform des Jagdschlosses P l a t t e unter allen Fernsichten des Gebirgs den Ehrenpreiß zuerkennen sollen. Unser Standpunkt ist jedenfalls der umfassendste weit und breit. Der Weg gleich hinter dem Chausseehaus, links durch den Wald, führt nach Georgenborn ($\frac{1}{2}$ Stunde) und von da nach Schlangenbad ($\frac{3}{4}$ Stunde). Siehe Ausfl. Nr. 16.

5. Holzhacker-Häuschen und Fasanerie.

Bei dieser Waldfahrt, die sich mit der vorhergehenden verbinden läßt, verläßt man die Stadt auf dem gleichen Wege wie bei der vorhergehenden; 10 Min. von der Stadt wendet sich die Straße (Aarstraße) zur rechten Hand, und führt, das Walkmühlenthal zur Rechten, langsam ansteigend bis zum Exercierplatz (20 Min.), wo dieselbe in den durch zahlreiche altdeutsche Grabhügel merkwürdigen städtischen Walddistrikt Geishecke eintritt, den sie von da an eine weite Strecke lang durchschneidet. Am jenseitigen Waldesrand schimmert das rothe Ziegeldach der Walkmühle aus Baumgruppen hervor; wo der Wald zur Rechten aufhört und die Ackerfluren beginnen, die den Blick ohne Einschränkung über die Waldhöhen bis zur Platte hinauf schweifen lassen, erblickt man rechts vom Weg den Hof Adamsthal (15 M.). Die Straße zieht gerade aus, bis der Wald sie wieder auf beiden Seiten aufnimmt (10 M.), und hier gewahrt man zur Linken, von Bäumen halb versteckt, ein einstöckiges unansehnliches Haus, das Holzhacker-Häuschen genannt, dessen buschige schattige Umgebungen und Lauben den ganzen Frühling und Sommer hindurch, besonders zur Zeit der Kirschenreife, zahlreiche Gesellschaften hierher locken. Mundvorräthe an Cafe ꝛc. bringt man am besten mit; einfachen Ansprüchen genügt auch die geringfügige Wirthschaft in dem Häuschen.

Die Landstraße steigt allmählich von hier aus die Waldhöhe hinan, die die eiserne Hand heißt, um jenseits

derselben ebenso sanft sich verflächend bei Hahn und Bleiden=
stadt (2 Stunden von Wiesbaden) in's Aarthal hinabzu=
steigen und von hier aus Schwalbach (Ausfl. Nr. 31.)
zu erreichen.

Am Holzhacker=Häuschen führt durch eine tiefe Ein=
sattelung ein von Kastanienbäumen eingefaßter breiter Weg
zwischen Niederwald und Gebüsch über eine schwache Er=
hebung und wieder hinab, an einem zum Lustpark umge=
wandelten Forstgarten hin zu den freundlichen Gebäuden
eines Forsthauses mit Nebengebäuden und Gärten, das
von der Zufälligkeit, daß ursprünglich hier Fasanen gehegt
wurden, den Namen der Fasanerie trägt (570' üb. M.).
Im Rücken das Waldgebirg, vor sich einen breiten, eine Vier=
telstunde langen Wiesengrund mit Clarenthal und der Kloster=
mühle, weiter hinaus zwischen niedrigen Höhen das Wellritz=
thal, in dessen Hintergrund einzelne Gebäude von Wiesbaden
sichtbar werden, während die Bergstraße und andere rhei=
nische Gebirge den Horizont abgrenzen, bildet diese statt=
liche, im Sommer oft von angesehenen Herrschaften be=
wohnte Herzogliche Besitzung einen der beliebtesten Ausflug=
punkte. — Ländliche Erfrischungen sind in Auswahl
vorhanden. — Für die Rückfahrt stehen zwei Wege offen.
Der eine führt in der Richtung vom Holzhackerhäuschen
am Fasanerie=Gebäude gerade vorüber durch den nahen
Wald, wo ein Bächlein überschritten wird, und von da
in 10 M., nach einer zweiten Ueberschreitung des Wellritz=
Baches auf die Landstraße nach dem Chausseehause, die
man links abwärts fährt. Entfernung bis zur Stadt 1 St. —
Der andere Fahrweg führt, von einer hohen Linden=Allee

begleitet, gerade aus durch den Wiesengrund und steigt dann, Clarenthal zur Rechten in der Tiefe lassend, durch Wald hinan bis auf die Höhe vor dem Exercier-Platz (nahe dem Wachthäuschen), wo er in einen ebenfalls mit Linden eingefaßten Waldweg einmündet, der (5 M. von da bei dem Wegweiser) in die Landstraße vom Chausséehaus her ausläuft.

6. Die Platte.

Zu diesem hochgelegenen Punkt auf der Kammhöhe des Gebirges, dessen weithin leuchtendes Jagdschloß den Anwohnern der Rheinthalebene bis zu der Bergstraße und dem Haardtgebirge hinauf, also auf viele Meilen Entfernung, die Lage Wiesbadens verräth, führen von der Stadt aus zwei Fahrwege, von denen der erste am besten zum Hinweg, der andere zur Rückfahrt benutzt werden kann.

a. **Auf dem alten Jdsteiner Weg.** Von dem Ende der Trinkhalle in der Taunusstraße führt gerade aus die Geisbergstraße bergan, wendet sich dann etwas zur Linken, biegt dann wieder bei dem Haus „Sonneck" rechts herum, um von Neuem links in einem Hohlweg den Abhang des Geisberges zu erklimmen, auf dessen Höhe (15. M.) links die Gebäude des alten Geisbergs (Landwirthschaftliche Lehranstalt s. oben S. 47) sichtbar werden, während ein kleiner Tannenwald zur Rechten das Dach des Rettungshauses (s. oben S. 46) kaum verbirgt. Der Weg führt abwärts (5 M.) zur Trauereiche links am Wege. Der Baum (mit über dem Boden 19 Fuß dickem Stamm) ist ein seltenes Naturspiel, indem die Verzweigungen seiner Aeste alle nach unten zu herabhängen, wie bei der Trauerweide. Eine schwache Neigung dazu zeigt übrigens auch die andere, 20 Schritte davon stehende Eiche. Von einer Allee von Kastanien eingefaßt, zieht der Weg weiter durch Wald hinan bis zu einer Stelle (20 M.), wo ein Wegweiser links hinab (erster Heuweg) nach der Leichtweishöhle (s. Ausfl. Nr. 7.) zeigt, während ein Weg zur Rechten nach Sonnenberg hinab führt. Die Fahrstraße geht gerade aus an zwei Pappelbäumen weiter und steigt dann langsam bergan, mehr links herum, um die steilere Kammhöhe des Gebirges zu umgehen, und erreicht endlich, ganz links, 200 Schritte unterhalb des Schlosses, die große Landstraße (45 Min.), die hier neben dem Schlosse über das Gebirg nach Neuhof hinab steigt und nach Limburg a. d. Lahn weiter führt.

b. Dieser zweite Weg, eine der wichtigsten Landstraßen des Herzogthums, verläßt die Stadt bei der oberen Schwalbacher Straße, gleich rechts von dem Fahrweg nach Schwalbach (Ausfl. Nr. 4) und steigt langsam zu einer Hochfläche hinan (10 Min.), auf der zur Rechten der neue Friedhof mit seinem Portale imposant hervortritt, während drüben zur Rechten der Nersberg mit der griechischen Kapelle und der ganze bewaldete Gebirgsabhang das landschaftliche Gemälde abschließt.

Auf gleicher Höhe führt die Landstraße in den Wald (Distrikt Hebekies zur Linken) (10 M.). Hier beginnt die städtische Kastanien-Plantage, deren Früchte im Spätherbst den Hirschen eine willkommene Nahrung gewähren. Am Ende derselben (25 M.) beginnt das steilere Ansteigen der Landstraße, inmitten von Hochwald, der an gewissen

Stellen sich lichtet, um dem rückwärts Schauenden die pittoreskesten Rheinlandschaften aufzurollen. Nach ¾ Stunden andauernden Ansteigens verschwindet die Waldung und das Schloß mit seinem grünen Rasenteppich tritt mächtig hervor. In 5 Min. ist die Kammhöhe (1511' üb. M.) erreicht, die sich sogleich wieder nach Norden zu ziemlich steil hinabsenkt. Die auf der Höhe fast beständig wehende Zugluft macht es jedem Ankommenden, dessen Natur nicht von Stein und Eisen ist, zur Pflicht, sich nicht unbedachtsam bloß zu stellen; die allerdings entzückend schöne Aussicht kann von den Fenstern der Försterwohnung oder auch des Schlosses selber ebenso gut, aber mit minderer Gefahr für die Gesundheit genossen werden, als auf der offenen Landstraße oder von der Plattform auf dem Dache des Schlosses. Die Fremden nehmen ihr Absteigequartier bei dem Oberförster (Speisen und Getränke in reichlicher Auswahl) und widmen dann gewöhnlich dem Innern des gegenüberliegenden Schlosses einen Besuch.

Das Jagdschloß, palastähnlich von Herzog Wilhelm erbaut (1823), imponirt äußerlich durch seine kühne, freie Lage, innerlich durch ein Treppenhaus, das von Oben mit Licht versehen und durch eine kassetirte Kuppel geschlossen wird. Eine von 8 Marmorsäulen getragene Gallerie gibt dem Rundbau eine großartige Zierde. Von eigenthümlichem Interesse sind die Gemächer, deren Mobiliar großentheils aus Hirschgeweih gearbeitet ist. Die schönen Wandgemälde (Jagdscenen aus den umliegenden Wäldern; letzte Scenen aus dem Leben des angeschossenen Hirsches u. dgl.), von Kehrer, sind auch für Nicht-Jäger von Interesse, wie nicht minder die herrlichen Hirschgeweihe, die ringsum die Gallerie über allen Thüreingängen prangen. Es sind 12—20 Ender, sämmtlich von Herzog Wilhelm erlegt. — Gerne steigt man noch zu der zinkbedeckten Plattform des Daches hinauf, um den großartigen Ueberblick über eines der reichsten Panoramen Deutschlands mit einem Male und nach allen Seiten zu genießen. Ein hier aufgestellter Tubus läßt auch in weiter Ferne deutliche Beobachtungen machen.

Ein umzäunter Saupark (ungefähr 2200 Morgen groß) ist in dem Walde hinter dem Schlosse angelegt. Es gewährt für viele einiges Interesse, zur Zeit der Fütterung (Nachm. 5 Uhr) hinter einer Hecke die Wildschweine belauschen zu können, die auf ein Trompetenzeichen erst einzeln und dann truppweise herbeieilen, um ihr Futter in Empfang zu nehmen.

Zum Heimweg wählt man am besten die Landstraße (b), während der allerdings etwas weniger bequeme Idsteiner Weg (a) zur Hinfahrt sich empfiehlt.

7. Leichtweis-Höhle.

Der Fahrweg nach diesem romantischen Punkte ist anfangs die Landstraße nach der Platte (S. 84, b) bis 20 M. von der Stadt, wo kurz vor dem Anfang des Waldes ein guter Fahrweg rechts sanft hinabführt durch den Wald, bis der Wiesengrund des oberen Nerothals sich eröffnet, den die Straße durchschneidet und bei dem Schwarzbache (15 M.) in einen anderen thalaufwärts nach dem ersten Heuweg ziehenden Fahrweg einmündet. Wir stehen am gewünschten Ziel. — Mächtige Felsgruppen, ein enges Seitenthälchen, ein rauschendes Bächlein mit Wasserfall, zugleich mit der Erinnerung an einen in den 80er Jahren des vorigen Jahrhunderts hier herumschleichenden später im Zuchthaus zu Wiesbaden gestorbenen Dieb, Namens Leichtweis (aus Dotzheim), der sich selber und die in der ganzen Umgegend gestohlenen Gegenstände hier im Felsgeklüft lange Zeit allen Nachforschungen zu entziehen wußte, geben der Stelle einen romantischen Anstrich. Zur Weiterfahrt waldeinwärts stehen von hier aus zwei Wege offen. — 1. Am Saume des Waldes, den Wiesengrund zur Linken, zieht ein Fahrweg weiter hin thalaufwärts (erster Heuweg) bis zu einer Krümmung rechts hinan (25 M.), wo über die weiten Bergwiesen hin das Jagdschloß „Platte" über dem Wald hervorwinkt; von hier durch den Wald in östlicher Richtung bis auf den Jdsteiner Weg (15 M.), über welchen man, an der Trauereiche vorüber, den Rückweg einschlägt. Wer den etwas steilen und unpraktikabeln Fahrweg über den Geisberg vermeiden will, fährt gleich hinter der Trauereiche rechts der Thalweitung, Trift genannt, hinab, über die Wiesen des oberen Dambachthales (wo einst eine Viehtränke lag) hinüber, dann etwas ansteigend durch den Wald, bis er (15 M. von der Trauereiche) in den schönen Fahrweg gelangt, der der nahen griechischen Kapelle (s. unten S. 89) seine gute Unterhaltung verdankt; links führt dieser s. g. Kapellenweg bergab, um durch die Kapellenstraße nach der Stadt zurückzuleiten. — 2. Ein zweiter Fahrweg, der freilich erst zum Theil gut hergestellt, im Ganzen übrigens praktikabel ist, führt etwas ansteigend (10 M.) zu den „Herrneichen", einem freien, mitten im Walddistrikt Münzberg gelegenen Platz, der mit 9 oder 10 alten, am unteren Stamm 14' dicken Eichen, kreisförmig bepflanzt ist, eine Stelle, in der man die Hegungsstätte eines altdeutschen Gaugerichtes vermuthen darf. Weiterhin (5 M.) rechts vom Wege die deutlich sichtbaren Fundamente zweier römischen Gebäude. Man behält den Weg gerade aus in der Schneuse bei, fährt dann (10 M.) der ersten Schneuse links hinein und kommt alsbald auf den fahrbaren Fußweg, der von der Landstraße nach der Platte geradlinig bis zum Ende der Kastanien-Plantage herabführt. Abermals links wendend gelangt man mit diesem in wenigen Minuten auf die Landstraße (s. S. 84, b), die sodann den bequemsten Rückweg nach der Stadt darbietet.

8. Griechische Kapelle und Nersberg.

Zwei Fahrwege führen zur griechischen Kapelle, demjenigen Punkte der näheren Umgebungen, den jeder Fremde aufsucht, der auch nur wenige Stunden hier verweilen kann. Wir empfehlen den ersten zur Hinfahrt, den anderen zum Rückweg.

a. Die ganze Länge der Taunusstraße hin, dann links am Ende der Nerostraße vorüber und sofort rechts zum Nerothale hinein. Bei der Gartenwirthschaft von G. Hahn (zum Nerothal) treten mächtige Steinbrüche am jenseitigen Bergabhang hervor, an dessen Fuße rechts hin der Weg zwischen Obstbäumen weiter führt. Nach 5 Minuten verzweigt sich der Weg, indem ein breiter Fußpfad mehr links durchs Thal hinzieht, während der Fahrweg die

Höhe rechts hinauf weiter geht. Das imponirende Kuppelgebäude tritt hier in seiner Einfassung von Wäldern wunderbar hervor. Die Mauer der großen Domanial-Weinberge des Nersberges zur Linken, führt die Straße leicht gekrümmt bergan und die freie Fläche, auf der der Kapellenbau sich erhebt, ist erreicht (15 Min.).

Die griechische Kapelle, als Gruftkirche für die Herzogin Elisabeth (Großfürstin von Rußland, geb. 26. Mai 1826, vermählt 31. Januar 1844, † 28. Januar 1845), in byzantinisch-russischem Styl von Baurath Hofmann erbaut und am 14. Mai 1855 eingeweiht, bildet im Grundriß ein griechisches Kreuz, dessen vier Ecken thurmartige, mit Kuppeln gekrönte Untersätze bilden, während den kreisrunden Mittelraum eine mächtige Kuppel überspannt. Alle 5 Kuppeln sind reich vergoldet und tragen Doppelkreuze, von denen Ketten herabhängen. — Das Kreuz des mittleren Kuppelthurms erhebt sich 183' über dem Boden. Die Ostseite des Gebäudes, die den Altar umschließt, hat keinen Eingang; auch die Nordseite (mit dem Sarkophag der Verstorbenen) ist unzugänglich: Stufen führen zu den Portalen der Süd- und der Westseite hinan. Gewöhnlich tritt man unter dem Westportal ein und so der reich verzierten Altarwand des Innern unmittelbar gegenüber. Der Altar selbst mit dem Glasgemälde des Heilands zeigt sich nur beim Gottesdienst; vor und nach demselben ist er durch eine unterbrochene vergoldete Thür und einen Vorhang unsichtbar. Acht Nischen, zu beiden Seiten der Thüre, enthalten Oelgemälde auf Goldgrund (von Neve in Petersburg): Maria mit dem

Kinde (nach Murillo); Christus mit der Weltkugel (nach Raphael), die Erzengel Gabriel und Michael; in den beiden äußeren Abtheilungen die Bildnisse der Namensheiligen der russischen Kaiserfamilie; links St. Katharina und St. Helena, rechts St. Elisabeth und St. Nicolaus. Ueber dem Fries eine zweite Reihe medaillonartiger Oelbilder, von der Linken zur Rechten die Heiligen: Georg, Constantin, Anna, Basilius (in der Mitte das h. Abendmahl, nach L. da Vinci), Patriarch Johannes, Magdalena, Wladomir, Alexandra. Die höhere Abtheilung enthält die lebensgroßen Bilder von Matthäus, Marcus, Lucas, Johannes, Paulus und Petrus; zum oberen Schluß der ganzen aus carrar. Marmor aufgeführten Altarwand (Ikonostas) ein Kranz von 7 gemalten Engelsköpfen. — Säulenpaare aus inländischem Marmor, auf jeder Seite des Innern, tragen Bogen, die der überreich verzierten Kuppel (innere Höhe vom Fußboden bis zum Thurmgesims 86′) zur Stütze dienen. Zur Linken (nach N.) befindet sich, in einer fünfseitigen eigens angebauten Chornische der vielbewunderte Sarkophag mit der lebensgroßen, im Styl der Königin Luise in Charlottenburg (von Rauch) gearbeiteten, schlafenden Figur der früh verstorbenen Herzogin, ein Meisterwerk des verstorbenen Professor Hopfgarten in Biebrich. Apostelstatuetten zieren die Wände des Sarkophags, auf den vier Ecken die symbolischen Figuren von Glaube, Hoffnung, Liebe, Unsterblichkeit. — Die Kuppelbeleuchtung erhöhet und belebt die Wirkung des Bildes. Ueber dem Rondel ist das nassauische und das russische Wappen angebracht; ein schwerer, rothsammtener

Vorhang schließt dasselbe. Ueber den beiden Portalen symbolische Darstellungen von Tod und Auferstehung. Von den sonstigen künstlerischen Verzierungen des Innern beachte man zuerst einen unter dem Brustgesims sich hinziehenden Fries von hellfarbig, matt aussehendem Marmor, Arabesken und allegorische Gruppen darstellend, wohl das künstlerisch vollendetste an dem ganzen Bau. Das Fries ist, als erste Arbeit in diesem Fach, größtentheils von dem Steinmetzen Engelh. Leonhard aus Villmar angefertigt worden. Sodann verdient besondere Aufmerksamkeit ein Stuccaturkranz von 12 Adlern, abwechselnd mit Engelfiguren und Blumengewinden am unteren Rand der Kuppel; endlich die große, aus vielfarbigen Marmorarten componirte Rosette des Fußbodens, ein Meisterstück des von der Industrie-Ausstellungs-Commission in München deshalb mit einem Preiße ausgezeichneten Steinmetzen J. P. Leonhard in Villmar. Mit Ausnahme des weißen, mäusegrauen und gelben ist aller andere Marmor an dem Gebäude im Lande selbst, bei Villmar an der Lahn, gebrochen. — Die durch das Zusammenstoßen der vier Hauptbogen entstandenen Zwickelfelder sind mit Freskomalerei (vom Professor August Hopfgarten in Berlin), je zwei Repräsentanten des Alten und je zwei des Neuen Testaments darstellend, ausgefüllt. Aus der linken Seitenwand des Rondels führt eine für das Publikum jedoch verschlossene Thüröffnung zu dem auf einer Mittelsäule ruhenden, in seiner Ausdehnung dem Umfang der Kapelle entsprechenden Gruftgewölbe, wo die hohe Leiche ihre Ruhestätte gefunden. Ein kostbares Christusbild, das an ihrem Sterbebette gehangen, ist in die Wand

eingemauert. Der griechische Gottesdienst in der Kapelle
ist für ewige Zeiten fundirt und wird jeden Sonntag Vormittag 10 Uhr regelmäßig von einem Geistlichen und einem
eigenen Sängerchor celebrirt. — Beim Heraustreten in's
Freie wird die herrliche Waldlandschaft einen eigenthümlichen erfrischenden Eindruck machen. Schöne Anlagen
ziehen sich hinter der Kapelle am Berge hinan; nahe der
Kapelle entdeckt man ein russisches Landhaus, das dem
Verwalter zur Wohnung und den Geistlichen zum Aufenthalt dient. Auch ein Begräbnißplatz für griechische Katholiken ist vor Kurzem neben demselben eröffnet worden.
Wer einigermaßen Zeit findet, versäume nicht vor der
Rückkehr auf den Gipfel des Nersbergs, den reizendsten
Aussichtspunkt in der Nähe der Stadt, zu fahren. Vgl. S. 105.

b. Rückweg durch den Wald und auf dem Kapellenwege, d. h. auf der Höhe zwischen dem lieblichen Dambachthale zur Linken und dem tieferen Nerothale zur Rechten,
von Roßkastanien eingefaßt. Das erste Gebäude rechts über
dem Nerothal mit Angebäuden und Turnplatz ist das Lokal der
Handels- und Gewerbeschule des Dr. Schirm. Die neu
erbaute Kapellenstraße, worin die Häuser Nr. 6 und 7
das chemische Laboratorium des Professor Dr. Fresenius
enthalten, führt abwärts zum Geisbergweg und der
Trinkhalle.

9. Schöne Aussicht.

Dieser kurze, aber höchst interessante Fahrweg ist erst
vor Kurzem hergestellt worden. Er führt von der Taunusstraße den Geisbergweg gerade hinauf, dann zur Linken,
bis er bei dem Haus „Sonneck" rechts umbiegt; der

den Anfang des Jdsteiner Weges (S. oben Ausflug Nr. 6.) bildende Hohlweg bleibt zur Linken und in einer neuen Kurve, den israelitischen Todtenhof zur Linken, steigt der Weg zu der Stelle an (15 Min.), die man mit Recht zur **schönen Aussicht** nennt, wo unter hohen Pappeln und Gebüschen Sitze angebracht sind, und die wir oben als Orientirungspunkt angenommen und beschrieben haben. (S. Uebersicht S. 1—4.) Auf dem Fahrwege, der hinter den Rücker'schen Landhäusern ziemlich steil gerade hinab führt, gelangt man ans obere Ende der Wilhelmstraße; unser Weg führt jedoch von dem Aussichtspunkte in gleicher Höhe links hinüber und gewährt hier, hinter dem Palais Pauline und den Gärten der Kursaal-Landhäuser hinziehend, reizende Durchsichten über die Stadt und Gegend nach Süden hin. Zur Linken gewahrt man auf der Höhe den mit Bäumchen bepflanzten und mit Sitzen versehenen Damm des Reservoirs, dessen Wasserdruck der Fontaine im Kursaal-Weiher ihre Springkraft verleiht. Zwischen Obstbaum-Feldern wendet sich dann der Weg wieder zur Rechten hinab, durchschneidet bei dem letzten der Kursaal-Landhäuser die nach Sonnenberg führende Landstraße (12 Min.), und geht hier unmittelbar in die Kursaal-Anlagen über, überschreitet auf einer Brücke den Rambach und umkreist jenseits, an den schönsten Landhäusern hin, nach dem Kursaal zurückbiegend, die Parkanlagen bis zum chinesischen Pavillon und steigt von hier in einer Krümmung zu dem Kursaal, der neuen Kolonade und dem Theaterplatz hinab. (15 Min.)

eingemauert. Der griechische Gottesdienst in der Kapelle ist für ewige Zeiten fundirt und wird jeden Sonntag Vormittag 10 Uhr regelmäßig von einem Geistlichen und einem eigenen Sängerchor celebrirt. — Beim Heraustreten in's Freie wird die herrliche Waldlandschaft einen eigenthümlichen erfrischenden Eindruck machen. Schöne Anlagen ziehen sich hinter der Kapelle am Berge hinan; nahe der Kapelle entdeckt man ein russisches Landhaus, das dem Verwalter zur Wohnung und den Geistlichen zum Aufenthalt dient. Auch ein Begräbnißplatz für griechische Katholiken ist vor Kurzem neben demselben eröffnet worden. Wer einigermaßen Zeit findet, versäume nicht vor der Rückkehr auf den Gipfel des Nersbergs, den reizendsten Aussichtspunkt in der Nähe der Stadt, zu fahren. Vgl. S. 105.

b. Rückweg durch den Wald und auf dem Kapellenwege, d. h. auf der Höhe zwischen dem lieblichen Dambachthale zur Linken und dem tieferen Nerothale zur Rechten, von Roßkastanien eingefaßt. Das erste Gebäude rechts über dem Nerothal mit Angebäuden und Turnplatz ist das Lokal der Handels- und Gewerbeschule des Dr. Schirm. Die neu erbaute Kapellenstraße, worin die Häuser Nr. 6 und 7 das chemische Laboratorium des Professor Dr. Fresenius enthalten, führt abwärts zum Geisbergweg und der Trinkhalle.

9. Schöne Aussicht.

Dieser kurze, aber höchst interessante Fahrweg ist erst vor Kurzem hergestellt worden. Er führt von der Taunusstraße den Geisbergweg gerade hinauf, dann zur Linken, bis er bei dem Haus „Sonneck" rechts umbiegt; der den Anfang des Jbſteiner Weges (S. oben Ausflug Nr. 6.) bildende Hohlweg bleibt zur Linken und in einer neuen Kurve, den israelitiſchen Todtenhof zur Linken, ſteigt der Weg zu der Stelle an (15 Min.), die man mit Recht zur ſchönen Ausſicht nennt, wo unter hohen Pappeln und Gebüſchen Sitze angebracht ſind, und die wir oben als Orientirungspunkt angenommen und beſchrieben haben. (S. Ueberſicht S. 1—4.) Auf dem Fahrwege, der hinter den Rücker'ſchen Landhäuſern ziemlich ſteil gerade hinab führt, gelangt man ans obere Ende der Wilhelmſtraße; unſer Weg führt jedoch von dem Ausſichtspunkte in gleicher Höhe links hinüber und gewährt hier, hinter dem Palais Pauline und den Gärten der Kurſaal-Landhäuſer hinziehend, reizende Durchſichten über die Stadt und Gegend nach Süden hin. Zur Linken gewahrt man auf der Höhe den mit Bäumchen bepflanzten und mit Sitzen verſehenen Damm des Reſervoirs, deſſen Waſſerdruck der Fontaine im Kurſaal-Weiher ihre Springkraft verleiht. Zwiſchen Obſtbaum-Feldern wendet ſich dann der Weg wieder zur Rechten hinab, durchſchneidet bei dem letzten der Kurſaal-Landhäuſer die nach Sonnenberg führende Landſtraße (12 Min.), und geht hier unmittelbar in die Kurſaal-Anlagen über, überſchreitet auf einer Brücke den Rambach und umkreiſt jenſeits, an den ſchönſten Landhäuſern hin, nach dem Kurſaal zurückbiegend, die Parkanlagen bis zum chineſiſchen Pavillon und ſteigt von hier in einer Krümmung zu dem Kurſaal, der neuen Kolonade und dem Theaterplatz hinab. (15 Min.)

10. Sonnenberg und Rambach.

Am oberen Ende der Wilhelmstraße beginnend zieht der Fahrweg nach Sonnenberg zwischen den Kursaal-Anlagen und den Landhäusern in gerader Linie fort und wendet sich dann mehr und mehr links, indem dabei der von stattlichem Gebüsch umschattete Rambach, in der Tiefe des Wiesengrundes zur Rechten bleibt. Bald (15 Min.) befindet man sich der Dietenmühle gegenüber, bis zu deren Gebäuden über eine Brücke gefahren werden kann. Ein geräumiger Saal mit Nebengemächern und Wirthschafts-Anlagen im Freien bietet einen vielbesuchten, angenehmen ländlichen Aufenthalt. — Weiterhin zieht die Landstraße dem Thale aufwärts, ein links einmündendes schmales Seitenthälchen (die Tennelbach) führt zum Rettungshaus und dem Geisberg — die letzte Wegstrecke ist von einer Allee von Kirschbäumen eingefaßt. Durch das Dorf (20 Min.) Sonnenberg zieht der Fahrweg, mitten im Dorfe rechts hinan, bis an den Eingang der Schloßruine hinauf.

Die Burg, auf einem Felskegel aus Taunusschiefer mitten aus dem Thale sich erhebend, von den Grafen Ruprecht und Heinrich von Nassau ums Jahr 1200 zum Schutz des Landes gegen die Herren von Eppstein erbaut, ist jetzt als Ruine einer der am meisten besuchten Punkte der Umgegend. Sie spielt in der Geschichte der Grafschaft Nassau-Idstein eine Hauptrolle. Gr. Adolf (nachher König) stellte das Schloß 1283 nach einer von den Eppsteinern erlittenen Zerstörung stärker wieder her; sein Sohn Gerlach I., der 1336 hier seinen Schwager, König Ludwig von Baiern, bewirthet, verbrachte hier seine letzten Jahre († 1361), wie es auch seiner Irmengard († 1367) als Wittwensitz diente. Den bei der Ringmauer allmählich angesiedelten Ort begnadete Kaiser Karl IV. 1351 (in einer Urkunde, die noch jetzt im Gem. Archiv wohl verwahrt liegt) mit Stadtrechten, gleich Frankfurt und Mainz. Die jetzt den Einsturz drohende Burgkapelle hatte Graf Ruprecht 1355 erbaut. Die Linien Weilburg und Idstein theilten sich 1404 in den Besitz der Burg und ihrer Güter; jede bestellte einen Keller zur Einnahme der Gefälle. Auch im 16. Jahrhundert wohnten die Grafen Philipp der Altherr † 1558 und der Jungherr † 1566 meistens hier. Seit Erbauung eines neuen Schlosses in Wiesbaden 1596 kam unsere Burg jedoch in Abnahme und stand seit 1611 fast unbewohnt. Im dreißigjährigen Krieg von den Schweden, hernach auch von habsüchtigen Rentbeamten hart mitgenommen blieb sie bis zu Anfang dieses Jahrhunderts als Amtssitz großentheils in baulichem Stand; erst die Aufhebung dieses Amtssitzes und weitere Verwahrlosung vollendete (seit 1816) ihren Ruin. Gerne ersteigt man den vierseitigen Berchfriet oder Hauptthurm, um eine freie Aussicht thalauf und abwärts zu genießen; an anderen herrlichen Standpunkten, besonders nach der malerisch gelegenen Rambacher Kapelle und dem dahinter hervorragenden schön abgerundeten Berge, dem Kellerskopf hin, fehlt es in diesen romantischen Umgebungen nicht. — Erfrischungen aller Art sind innerhalb der Ruine zu haben.

Auch die weitere Fahrt nach dem Dorfe Rambach (20 Min.) an dem Bergabhang hin, an mächtigen Steinbrüchen vorüber, ist sehr lohnend. Bei dem ersten Hause zur Linken (Schule) wird angehalten und von hier aus der angrenzende Friedhof bestiegen, der um die Kapelle rings herum liegt. Diese steht innerhalb einer alten Burgschale, deren Einfahrtsthor noch vorhanden, wie auch der tiefe, jetzt mit Gebüsch verwachsene Graben, über dem die Fundamente eines viereckigen Thurmes liegen, annoch sichtbar ist. Die im Mittelalter in diese Trümmer hineingebaute Burg gehörte den Herren von Eppstein, die sie 1369 an Adolf I., Grafen von Nassau, tauschweise abtraten. Der ganze, in den Thalgrund seitwärts wie ein Querriegel sich vorschiebende Hügel, der Quecken genannt, ist außerdem bis an sein entferntestes Ende auf beiden Seiten von zusammenhängenden römischen Mauern, die im Jahr 1844 ausgegraben wurden, eingeschlossen. Aufgefundenen Backsteinen zufolge war es die 14. Legion, die auch diese militärische Niederlassung gründete und deckte.

Am äußersten Ende des schmalen Hügelrückens, nachdem man sich durch die Büsche hindurchgearbeitet, lohnt der Anblick einer idyllischen Landschaft die kleine Mühe. Ein Steinsitz ladet hier zur Ruhe ein; kein Naturfreund verabsäume an diesem stillen Plätzchen, an der scharfen Ecke zweier Wiesenthälchen, gegenüber dem Hochwalde („Alte Burg") mit seinem Römerwall und mehr als 30 niedrigen altgermanischen Hügelgräbern, einige Augenblicke zu rasten.

Zum Rückweg dient der gleiche Thalweg über Sonnenberg, wie der Herweg.

11. Bierstadt.

Die Landstraße geht von der Stadt bei dem Museum (Plan N.) weg bis zu den ersten Landhäusern zur Linken, wo der Wegweiser mit einem Arm gerade aus nach Erbenheim, mit dem andern die Höhe hinan nach Bierstadt weist. Zur Linken die Umgebungen des Kursaals erreicht man zwischen schönen Landhäusern die Höhe (15 M.) bei dem neuen Bierkeller von G. Bücher, an einem Punkte, der namentlich in Beziehung auf Stadt und Gebirg, Kursaal-Park und Sonnenberger Thal auch auf denjenigen einen überraschend großartigen Eindruck machen wird, der diesen und ähnliche Standpunkte schon öfter besucht haben sollte. Eine gut bestellte Wirthschaft macht den Aufenthalt an diesem reizenden Orte noch angenehmer. — Der Weg führt auf der Höhe über dem Thal der Dietenmühle (s. S. 94) zur Linken hin; rechts erscheint der alte Thurm der Bierstadter Warte, einst um ein Stockwerk höher und mit spitzem Dach versehen, der ohne Zweifel für die tiefer liegenden Burgsitze der Grafen von Nassau zu Sonnenberg und zu Wiesbaden einen freien Beobachtungspunkt gegen die nahe Herrschaft Eppstein hin abgab. Die Rundsicht am Fuße des Thurmes über den Oberrheingau bis zur Bergstraße weit hinauf, den Rheinlauf, Mainz und Niederrheingau bis Rüdesheim hinab, die Taunushöhen in ununterbrochenem Zuge hinter sich), ist eine der herrlichsten weit und breit. — Das Dorf Bierstadt (sonst Birgestat) hat außer seiner im 12. Jahrhundert erbauten Kirche (nur der Chor und der Thurm sind noch ursprünglich) keine

Sehenswürdigkeiten mehr aufzuweisen, seitdem (1843) der an dem früheren Rathhaus eingemauerte und hier durch Steinwürfe fast unkenntlich gewordene, nahe bei dem Ort gefundene römische Votivstein mit zwei sitzenden Figuren und der lateinischen Inschrift „Dem Gott Mercurius dem Märktebeschützer" in's Museum nach Wiesbaden gewandert ist. Die freie Lage des Ortes veranlaßt den Genuß mancher schönen Aussicht, besonders nach den Rheinlandschaften und nach Mainz hinüber, die in dem ersten Hause am Wege, „zum jungen Löwen", am günstigsten genossen werden kann. Der geräumige Saal mit Clavier sieht oft zahlreiche muntere Gesellschaften hier versammelt.

12. Erbenheim.

Die Landstraße nach Frankfurt, über Erbenheim (1 St. 5 M.), hat mit der vorhergehenden Straße den gleichen Ausgangspunkt (bei dem Museumsgebäude und der Pleßmühle) gemein und steigt dann in südöstlicher Richtung, von Obstbäumen begrenzt, die Anhöhe hinan, von wo der Blick in das nahe Mühlenthal zur Rechten fällt, das durch die Wagenzüge seiner Schienenwege (vom Rheingau und von Frankfurt her) belebt wird. Wir empfehlen diese Fahrt hauptsächlich jedoch des Rückweges halber, den man schon 20 Minuten von der Stadt, oberhalb der Biegung der Straße, antreten kann, indem von hier aus bei sanfter Absenkung des Weges, eine der anziehendsten Ansichten von Stadt und Gebirg genossen wird, die sich nur wünschen, aber nicht beschreiben läßt.

B. **Fußwege.**
(Nr. 13—30.)

13. Durch's Mühlthal nach Biebrich.

Man kann auf zwei Punkten die Stadt verlassen: 1) auf einem von der Landstraße nach Erbenheim rechts abführenden Fahrweg, links von den Landhäusern des „Mühlwegs", rechts von Roßkastanien begrenzt bis zu den vier einzeln stehenden s. g. Jahn'schen Häusern (10 M.); 2) dicht neben dem Taunusbahnhof (diesen zur Rechten) auf einem schönen Fußpfad bis zu einem Arm der Salzbach, der hier (5 M.) auf einem Steg überschritten wird, dicht an der Neumühle (rechts) vorüber zu dem Fahrweg (1) hinauf, in den unser Pfad einmündet. — Der Weg setzt sich dann weiter nach Süden durch die Felder, hinter den Mühlen des Thales her, fort. Ein schattigerer, freundlicherer Fußpfad wird so eben unterhalb der Mühlen her durchs Wiesenthal selber projektirt. Dicht bei der Stadt, am Beginn der Erbenheimer Landstraße, liegt die **Pletzmühle**; hier stehen wir (10 M.) bei der **Neumühle**; zunächst folgt 3) die stattlichere **Steinmühle** (15 M.); dann 4) die **Kupfermühle** (5 Min.); 5) die **Spittels-** (jetzt fälschlich: Spelz)-**Mühle**, einst Eigenthum des Hospitals in Wiesbaden (5 Min.); hierauf 6) die stattlichste von allen, die mit ansehnlichen Oekonomie-Gebäuden und musterhafter Einrichtung und Bewirthschaftung versehene, schon auf Mosbacher Gemarkung belegene **Hammermühle**, die Schöpfung des hochverdienten Bernhard May († 1856). Die von hier bis zum Rhein folgenden Mühlen sind dann noch 7) die **Armenruh-Mühle** (10 M.), dicht hinter dem Damm der Rheing.

Eisenbahn; 8) die Salz-Mühle (5 M.); endlich 9) hart am Rhein (15 M.) die Kurfürsten-Mühle. — Unterhalb der Hammermühle verlasse man den Fahrweg, überschreite die Schienengleise der beiden Eisenbahnen und wende sich etwas rückwärts zum Bache hinab, den man nahe bei der Hammermühle überschreitet, um sich hier sogleich links bergan zu begeben, wo der Weg an dem neuen Friedhof von Mosbach-Biebrich vorüberzieht und eine reizende Aussicht nach Mainz und den Rheininseln hin darbietet. — Weiterhin führt er (15 M.) zur Wiesbadener Landstraße und nach Mosbach hinein. Hier wende man sich vor der Kirche rechts hin bis zum Thore des Herzogl. Parkes (5 M.). Wer Park, Glashäuser und Schloß aufzusuchen gedenkt, tritt hier zum Park ein (vgl. Ausfl. Nr. 1); wer selbige schon kennt, möge außerhalb der Mauer des Parks diesem entlang seinen Weg durch die Obstbaum-Allee nehmen, die in schnurgerader Linie zur Landstraße (von Biebrich nach Schierstein) führt (20 M.). Da Schierstein keine Aussichtspunkte bietet, so wende man sich dicht vor dem Dorfe (die Wirthschaft zu den „drei Kronen" ist recht empfehlenswerth) gleich der Wiesbadener Straße zu, die 20 Minuten ansteigt, wo ein herrliches Rhein-Panorama sich darstellt, dann sich zum Thalgrund bei der Kahlen-Mühle (10 M.) hinabsenkt, hernach wieder der Höhe hinansteigt (15 M.), wo bei dem Nußbaum von Neuem sich eine herrliche Gebirgslandschaft, mit Wiesbaden im Schooße, aufschließt. In 15 M. ist die Stadt (Militär-Hospital) erreicht.

14. **Ueber Frauenstein nach Schierstein.**

Der gleiche Weg wie Fahrweg Nr. 3. (s. oben S. 76) über Dotzheim (³/₄ St.), Nürnberger Hof, Frauenstein (³/₄ St.),

Grorober Hof (10 Min.), über die Schienen der Rheingauer Bahn zur Rheingauer Landstraße (20 M.) und von da nach Schierstein (10 M.). Heimweg je nach der Ermüdung, entweder von hier auf der Rheing. Eisenbahn, oder zu Fuß auf der Wiesbadener Straße dicht vor dem Dorfe zur Linken, oder auf der Landstraße nach Biebrich (Taunus-Bahnhof am Rhein) und Wiesbaden auf der großen Landstraße (vgl. Fahrt Nr. 1). Zusammen gegen 4 Stunden.

15. Zum Grauen Stein und Chausseehaus.

Ueber Dotzheim (¾ St.) bis an's Ende des Dorfes und den Fahrweg bergan, wie bei Fahrt Nr. 3; gerade auf der Höhe biegt eine Schneuse rechts in den Wald, der man folgt, um (½ St.) zum grauen Stein, einer imposanten Felsgruppe aus Quarzit, zu gelangen, die für den Geologen ein besonderes Interesse bietet, jedem Freunde pittoresker Landschaften aber zum Anschauen und Umschauen über die weite Waldlandschaft einen malerischen Standpunkt gewährt. Der Weg waldaufwärts führt (15 M.) nach Georgenborn, das den Namen seines Erbauers, des Fürsten Georg August (s. oben Biebrich S. 71) trägt. Seine hohe Lage verleiht ihm eine herrliche Aussicht über die Rheinlandschaft hin; im Oberstübchen des alten Hofhauses oder in der Wirthschaft zur „schönen Aussicht" bei Förster Rossel wird dieser Genuß bei ländlichen Erfrischungen besonders angenehm sein. Der thalabwärts ziehende neue Fahrweg führt nach Schlangenbad (28 M.). Ein Fahrweg zieht durch den Hochwald nach dem (½ St.) Chausseehaus, hinter welchem der Weg in die Landstraße nach Schwalbach übergeht (S.

Ausfl. N. 4.). Die Straße zieht von hier herab nach Claren‑
thal und der Stadt. Wer im Thale zu bleiben vorzieht,
nimmt kurz vor der Klostermühle den Fußpfad rechts durch
die Wiesen, der ihn bei der Wellritzmühle vorüber (in
½ St.) zur Stadt (bei der Schwalbacher Straße) zurück‑
bringt.

16. Ueber das Chausseehaus nach Schlangenbad.

Die Limburger Landstraße (Ausfl. N. 5.) bis zur Höhe
(6 M.), dann Fußweg links, entweder den ersten über den
trefflichen Bierkeller zum Riether Berg, und von da
hinab in's Thal bis nahe vor der Walkmühle; oder der
zweite, durch Feld in den Wald beim Turnplatz, dann den
Fahrweg links hinab (25 M.), wo er mit dem ersten Weg
zusammenfällt, durch den Wiesengrund und den Bach (über
einem steinernen Steg) zum Walde, wo der Wegweiser dicht
unterhalb des Exercierplatzes nach der Fasanerie weist,
hierauf quer hinüber durch einen neuen Laubgang im Walde
bis zu dessen Ende, wo man den Fahrweg zur Fasanerie vor
sich hat, die bald (20 M.) erreicht ist. Das Gebäude zur
Rechten lassend, wendet man sich durch den Wald der alten
Landstraße nach Schwalbach zu (10 M.), dann rechts zum
Chausseehaus (½ St.), und gleich dahinter nach Georgen‑
born (½ St.), von hier den Berg ziemlich steil hinab (Mühle
½ St.) nach Schlangenbad (5 M.) (s. oben S. 75). Zum
Rückweg nimmt man die Landstraße durchs Thal, über
Neudorf (½ St.) nach Schierstein (1 St.), wo man die
Bahnzüge nach Wiesbaden (s. Anl. II, b) benutzen, oder

auch den Rückweg über die Höhe, zwischen zwei Reihen von Obstbäumen hinan, zu Fuß antreten kann.

17. Zum Schläfers Kopf.

Von der Schwalbacher Straße durch den Wiesengrund des Wellrißthales zur Wellrißmühle (½ St.), immer neben dem Bach aufwärts bis (bei der Klostermühle) zur Landstraße nach Schwalbach (10 M.) diese aufwärts zum Chausseehaus (¾ M.) und von hier gleich rechts zum Wald hinauf bis zu den Steinbrüchen (¼ St.). Vgl. oben S. 80. Wer unregelmäßige Pfade nicht scheut, kann mit Hülfe des Plans eine Schneuse auf der Höhe entdecken, die ihn östlich zu einer Bergwiese und einem über den Hang der Wiese hinableitenden Pfade südlich führt, auf dem er, nochmals in Niederwald eintretend, den Fahrweg erreicht, der links (35 M.) nach der Fasanerie zieht. Von hier gerade aus zum Holzhackerhäuschen (5 M.), am Ende des Waldes rechts auf der Aarstraße (zur Linken Adamsthal), da wo der Hochwald zur Linken wieder anfängt, (10 Min.) auf einem Fußpfad hindurch), dann über den Wiesengrund, auf einem Steg über das Bächlein und zwischen Büschen zur Walkmühle (15 Min.). Der Fremde findet hier jederzeit angenehme Rast unter schattigen Baumgruppen, bei guter Bedienung. — Wer müde genug ist, kehrt im Thale und auf der Aarstraße zur Stadt zurück (25 Minuten); wer noch eine Höhe zu überschreiten vermag, wende sich gleich hinter der Walkmühle hart am Waldesrande bergan und nehme dann seinen Weg (Turnplatz links) zur Platter Straße, hier rechts (300 Schritte) bis zum Wegweiser links, der ihn den romantischen Pfad (rechts die steilen Wände einer durch einen Wolkenbruch tief eingerissenen Schlucht) hinab zu dem Ruhesitz oberhalb der Lohe-Mühle (5 Min.) und somit in's Nerothal führt, dem er hinabwandelt. Die weiten Rebfluren des Nersberges und die griech. Kapelle liegen zur Linken, und über einen Steg bei der (10 Min.) Kaltwasser-Heilanstalt gelangt der Wanderer rasch zur Stadt zurück.

18. Zur Fasanerie.

Von der Taunusstraße ins Nerothal, an der Wasserheilanstalt (s. oben S. 48) vorüber bis zur Lohmühle (15 M.), hier links dem Wegweiser nach, an der Schlucht zur Linken bergan bis zur Landstraße nach der Platte, demnächst bei dem Turnplatz gerade am Walde links hin und hinab zur Walkmühle (15 Min.), gleich rechts den Fußpfad durch den Wald bis über einen Steg, von hier durch die Wiese schief hinüber in den Walddistrikt Geishecke (mit vielen altdeutschen Grabhügeln) bis hinan zur Aarstraße, rechts das Adamsthal (20 Min.), weiterhin am Beginne des Hochwalds links hinein, wo das Holzhackerhäuschen steht (10 Min.), und von da zur Fasanerie hinab (10 Min). Als Rückweg benutze man den Fahrweg, von der Fasanerie ¼ St. lang bis dahin, wo er mit dem nach Clarenthal ziehenden Fahrweg sich schneidet und trete hier links in's Gebüsch, wo ein Laubgang (10 Min.) bis zur Straße oberhalb dem Exercierplatz. führt, folge dann dem Wegweiser weiter hinab nach der Walkmühle zu über den Bach (15 Min.), die Walkmühle zur Linken und nehme, am Anfang des Abhanges rechts sich wendend, den Weg zur Aarstraße, links auf der Höhe der Bierkeller zum Riether-Berg; in ¼ St. ist die Stadt erreicht.

19. Zum Nersberg.

Den Geisbergweg und die Kapellenstraße hinan, bis zum letzten Hause rechts, hier bei dem Wegweiser und der Bank rechts hinab durchs Dambach-Thal bis an den Wald, hier den Pfad zur Linken, dem Wegweiser folgend, bergan. Angenehme Rast bei der Neuneichen-Gruppe. Bei dem Fahrweg oben, etwas rechts, führt jenseits ein Laubgang, von einem neuen Wegweiser angedeutet, bei dem griechischen Kirchhof und der Kapelle — zur Linken — vorüber, erst langsam ansteigend, zuletzt etwas steiler, auf die freie, waldumkränzte Fläche, welche den Glanzpunkt unter den näheren Aussichtpunkten unserer Umgegend darbietet. Ein Säulentempelchen, demjenigen auf dem Niederwald bei Rüdesheim ähnlich, gewährt einen köstlichen Standpunkt; rückwärts ist eine große Halle angelegt zum Schutz gegen die Witterung. Improvisirte Kafewirthschaften pflegen auf dieser Fläche sich einzufinden; auch für kühle Getränke ist gesorgt und tagtäglich fehlt es nicht an einheimischen und fremden Besuchern zu Pferd und zu Wagen, zu Esel und zu Fuß. Hier werden die großen Volksbelustigungen (am Geburtstag des Herzogs und sonst) abgehalten. Ein herlicher Waldpfad führt, von dem Wegweiser nach der Leichtweishöhle angedeutet, nordwärts durch prächtige Waldung in 10 M. zu einem links hinabziehenden Pfade, den man einschlägt, um auf demselben sich noch weiter zur Linken am gleichen Abhang, aber weiter unten, wieder rückwärts zu bewegen auf einem durch abwechselnde Fernsichten wahrhaft überraschenden neuen Wege, der an dem Steilabhang des Nersberges über der Lohmühle wieder aus dem Walde (zuletzt Tannenwald) hervortritt. Hier steige man hinab und nehme durchs Nerothal den Heimweg.

20. Zur Leichtweis-Höhle.

Von der Taunusstraße ins Nerothal, Weg rechts, am Marien-Brünnchen vorbei, bis zur Lohmühle, hier links hinan bis zum Ruhesitz, dann rechts am Rande des Gartens den Laubgang weiter thalaufwärts bis wo er in den Fahrweg (Ausfl. Nr. 7) übergeht und dann auf diesem weiter bis dahin, wo er den Thalgrund durchsetzt und am jenseitigen Waldesrand weiter zieht. Hier ragen die pittoresken Felsbrocken der sogenannten Leichtweishöhle malerisch hervor. (Vergleiche oben S. 87). Auch ein kleiner Abstecher zu den „Herrneichen" (10 Min.) und wieder zurück ist recht lohnend. Allenthalben angebrachte Wegweiser lassen den Fremden sich leicht zurecht finden. — Den Rückweg bilde der anmuthige Fußsteig durch den Wald zum Nersberg, entweder der untere, der oberhalb der Lohmühle endet, so daß man dann im Zickzack den Berg hinansteigt, oder der andere Pfad weiter oben, der ganz im Walde bleibt und auf dem Gipfel des Berges selber ausläuft. Zur Rückkehr wende man sich abwärts nach der Kapelle und dem Kapellenweg bis zur gleichnamigen Straße und weiter hin zur Trinkhalle.

21. Zur Platte.
(Ueber die Trauerbuche.)

Vom Geisbergweg durch die Kapellenstraße aufwärts, die griech. Kapelle zur Linken, den Fahrweg ganz gerade aus zwischen Niederwald bis vor den Hochwald, (25 Min.) hier mitten hindurch, gerade aus bis zu einer kleinen Wiesenfläche und lichtem Hochwald (15 Min.), dann quer über den ersten Heuweg. Von dem höchst romantisch gelegenen Ruhesitz gerade aus durch Niederwald, abermals eine Schneuse (zweiter Heuweg, 7 Min.) zur Trauerbuche, einem durch Wuchs und Höhe ausgezeichneten malerisch schönen Baume, (sein Stamm hat über dem Boden 15 Fuß Umfang) mit schirmartig herabhängenden Zweigen, einem seltsamen Gegenstück zu der alten Trauereiche (vgl. oben S. 83); dann gerade aus wenig rechts sich wendend, eine Schneuse durchschneidend wendet sich der Pfad, durch Buchen-Hochwald, der zur Rechten die grotesken Felskuppen der Wirzburg verbirgt, 15 Min. lang ganz links, dann wieder gerade aus nordwestlich und erreicht so endlich den breiten, unterhalb des Schlosses zur Landstraße nach Limburg hinziehenden Fahrweg. Die Gebirgs-Platte ist erreicht. Ueber den Aufenthalt daselbst vergl. oben S. 85. — Abwärts nehme man den breiten Fahrweg, der beim zweiten Heuweg in den Idsteiner Weg übergeht, und folge diesem, der an der Trauereiche und dem alten Geisberg vorüber in 1½ Stunden zur Stadt hinabführt. Zum Ansteigen werden beinahe 2 Stunden erfordert.

22. Zur Platte.
(Ueber die Leichtweishöhle.)

Von der Taunusstraße durchs Nerothal, bei der Kaltwasserheilanstalt und der Lohmühle vorüber das Thal hinauf zur Leichtweis-Höhle. Von hier bleibe man auf dem

Fahrweg, den Waldesrand zur Rechten, die Wiesen mit dem Bach „Kieselborn" zur Linken, der Biegung des Waldhügels zur Rechten hin folgend etwas hinan,· bis wo der Fußpfad vom Nersberg aus dem gelichteten Hochwald rechts querüber den Weg bei dem Ruhesitz in den Niederwald links übergeht, folge diesem bis zur Trauerbuche und von da durch den Niederwald hinan bis zur nächsten Schneuse und darin links umbiegend am Rande des Hochwaldes hin bis zu dessen Ende am Fuße der Schloßwiese und bei dieser zum Jagdschloß hinauf.

Den Rückweg wähle der Fußgänger ¼ Stunde weit auf der Landstraße, biege dann links einen näher führenden Fußpfad zum Walde hinein, der in schnurgrader Linie über eine Waldwiese hin, mit Bäumen eingefaßt, in 20 Min. beim Anfang der Kastanien-Plantage wieder auf die Landstraße führt. Der Straße entlang (25 Min.) bis zum Turnplatz und weiter (in wenigen Minuten) links hinab zur Lohmühle im Nerothal und von hier aus ebenen Weges zur Taunusstraße zurück.

23. Zur griechischen Kapelle.
(Durch die Dambach.)

Von dem Ende der Trinkhalle den Geisbergweg und die Kapellenstraße hinan bis zum Wegweiser bei der Bank, hier rechts hinab durchs Dambachthal und am unteren Rande des Wäldchens hin bis zum Ende des Laubganges, den ein Ruhesitz bezeichnet. Der Wegweiser lenkt den Fahrweg links hinan. In dem verwachsenen Busch zur Rechten liegen die Grundmauern einer 1750 entdeckten und 1845 ausgegrabenen römischen Villa, von der aus in östlicher Richtung, nahe an der Trauereiche vorüber und durch den Fichtenwald hin sich eine röm. Mauer bis ans Sonnenberger Feld hinzog und dort in einem rechten Winkel nach dem alten Galgen und vielleicht weiterhin in der Richtung des Palais Pauline, gegen die Stadt zu sich erstreckte. Man hält sie für die Ringmauer eines großen Wildparkes; die wenig kenntlichen Ueberreste der Villa — aus der man ein Schloß des Kaisers Nero herausphantasirt und darnach sogar den Namen des Berges willkürlich umgeändert hat, — sind zu unansehnlich, als daß ein Besuch, der jedenfalls zerrissene Kleider kosten würde, im Innern des Gebüsches empfohlen werden könnte.

Im Hauptweg oben angelangt wende man sich links, dann gleich rechts der Fahrstraße zum Walde hinein und alsbald steht man (5 Min.) vor der griechischen Kapelle. (S. oben S. 89). Dem Westportal gegenüber führt ein Waldpfad erst gerade aus und alsbald steil bergan; die Einfaß-Mauer der Weinberge bleibt zur Linken, eine Schneuse wird durchschritten — herrliche Aussicht nach dem Rhein hin —; abermals in den Wald eingetreten erreichen wir in 5 Min. die Höhe des Nersberges, mit Halle und Tempel. — Zum Rückweg wähle man den westl. Abhang des Berges, wo ein bequemer Zickzack-Weg an den Fuß des Berges führt, bleibe auf dem ersten Wege links vom Bache her und gelange so durchs Nerothal — am Marienbrünnchen, der Wasserheilanstalt und den Steinbrüchen vorbei — wieder in die Stadt.

24. Zur griechischen Kapelle.
(Durchs Nerothal.)

Man nehme von der Taunusstraße her den Weg durchs Nerothal, an den Steinbrüchen rechts und der Wasserheilanstalt links vorüber und folge bei der Bank dem rechts ansteigenden Fahrweg zur griech. Kapelle. (Vgl. oben S. 88). — Von hier folge man dem Fußpfad hinter dem russischen Landhause her rechts hin bis zum Ausgang des Waldes beim Wegweiser, von hier gegenüber den Fahrweg hinab, und etwas rechts umbiegend über die Trift, den Wald zur Linken, bis zur Trauereiche. Nach kurzer Rast wende man sich rückwärts, am Rande des Fichtenwaldes hinan bis zur Hochfläche, biege hier rechts ein zum alten Geisberg (vgl. oben S. 47) und wende sich, die Hof-Gebäude zur Linken, den schön angelegten Weg hinab, der rechts am Neuen Geisberg vorüber, links die interessanten Versuchsfelder des landwirthschaftl. Vereins (an Hopfen, Reben, Mais, Getreide u. s. w.) zum Fuße des Berges ziemlich steil hinabführt. Hier wende man sich sogleich links, junge Pappeln zur Rechten, den Weg zum israelitischen Todtenhof und zur Schönen Aussicht (S. oben S. 92) hinan und von hier geradeswegs hinter den Rücker'schen Landhäusern zur Wilhelmstraße und dem Kursaal hinab.

25. Zur Trauereiche.
a. Ueber den Nersberg.

Von der Taunusstraße durchs Nerothal rechts hinauf zur Kapelle bis hinan an den Weinberg (20 Min.), hier gleich links auf steilem Pfade (rechts die Kapelle) [bergan bis zum Gipfel des Nersberges (15 Min.). Von hier am Rande des Hochwalds rechts hinab, links der Hochwald, rechts Gebüsche, über den Fahrweg (von der Kapellenstraße her) gerade quer hinüber, weiterhin zwischen Wald hinab über die schmale Wiese und jenseits gerade aus durch eine neue Waldschneuse fort bis auf den Idsteiner Weg (20 Min.) Rechts hinab zur Trauereiche; dann links durch den Fichtenwald und Feld (10 Min.) zum Rettungshaus (vgl. oben S. 46); von hier weg durch die Tennelbach auf die Landstraße nach Sonnenberg. Diese wird rechts eingeschlagen bis in die Nähe der Dietenmühle (10 Min.), wo man die Brücke überschreitet und auf dem Promenadenweg (rechtshin) zum Kursaal (20 Min.) zurückkehrt.

b. Durch die Dambach.

Ein bequemerer Weg führt durch das Thal der Dambach (s. Ausfl. Nr. 23.) und am unteren Rande des Waldes hin bis zum Ruhesitz am Fahrweg (25 Min.) und von hier rechts die Trift hinüber (5 Min.) zur Trauereiche; zurück über den Geisberg.

c. Ueber die Traubenkur-Anstalt.

Von der Trinkhalle aus die Geisbergstraße hinan und weiter bis an das Haus „Sonneck"; bei diesem den äußersten Weg zur Linken (Hohlweg, streckenweise auch fahrbar), unterhalb der Promenade her, ein wegen seiner ununterbrochenen Aussicht links hin über Thal und Gebirg sehr genußreicher Weg, der noch den besonderen Vortheil bietet, daß er gegen alle Winde geschützt liegt. — 15 Min. Traubenkuranstalt, von Weinbergen umgeben (s. oben S. 50), mit reizenden Aussichtspunkten. Von da zieht der Weg aufwärts mehr rechts, links (5 Min.) eine Wildhütte und auf der Höhe, unter Kastanien (Bank), rechts herüber zum landwirthschaftlichen Institut „Hof Geisberg." Ueber dessen ausgezeichnete Sammlungen (an Cerealien, an Früchten in Wachs u. s. w. siehe oben S. 48). Unser Weg führt hinter den Gebäuden rechts herum in den Idsteiner Weg (5 Min.) und zur Trauereiche (5 Min.). Als Fortsetzung benutze man den Idsteiner Weg, dann die erste Waldschneuse (5 Min.) links hinein, über die Wiese (5 Min.) und gegenüber durch die fortgesetzte Waldschneuse gerade aus bis auf den Gipfel des Nersberges (10 Min.). Von hier ins Nerothal entweder über die Kapelle hinab zur Bierwirthschaft bei Hahn oder am Westabhang des Berges zur Lohmühle (Ländl. Wirthschaft) und an der Wasserheilanstalt vorüber zur Stadt zurück.

26. Nach Sonnenberg.

Von der Taunusstraße durch den Geisbergweg und die Kapellenstraße bis zum Wegweiser hinauf, rechts zum Dambachthal hinein bis in den Wald und am Rande desselben fort bis zum Ruhesitz am Fahrweg, diesem rechts folgend durch die Trift und dann am jenseitigen Wäldchen links hin zur Trauereiche, quer über den Idsteiner Weg, das Fichtenwäldchen zur Rechten über das Feld hinab, wo zur Rechten die Rettungsanstalt liegt, dann zu dem Thälchen der Tennelbach hinab und quer hinüber auf ansteigendem

Pfad auf das Feld auf der Höhe und über dieses hinüber, durch eine Höhlung des Weges, zwischen Obstbäumen zu dem Dorf Sonnenberg hinab. Um zur Ruine zu gelangen überschreitet man den Bach, geht durch die Straße, — zur Linken die Ringmauer mit einzelnen Thürmen — und tritt links zu dem alten Thorbogen hinein; gleich rechts führt ein Fußsteig zu der mit der Ruine durch schöne Pfade zusammenhängenden Gartenwirthschaft zum „Kaiser Adolf." — Ueber Sonnenberg, Burg und Thal (vgl. oben S. 94). Zum Rückweg von der Ruine aus nehme man den Promenadenweg vom Burgthor aus rechts hinan, über eine Holzbrücke (rechts unten im Hohlweg das Pfarrhaus von Sonnenberg) und so zum Thale hinab, wo ein Weg den Bach überschreitet (10 Min.) — An der Dietenmühle zur Linken (10 Min.) vorüber in die Kursaal-Anlagen (15 Min.) —

27. Nach Rambach.

Von der Taunusstraße zum Geisbergweg hinan, dann links und bei dem Haus Sonneck den Promenadenweg links hinan, am neuen Geisberg (links) und alten Geisberg (rechts) vorüber auf den Jdsteiner Weg (20 Min.) Von der Trauereiche (5 Min.) gerade aus zwischen Wald über eine sanft ansteigende Höhe bis zum Wegweiser (15 Min.), diesen rechts lassend gerade aus weiter (rechts Hochwald, links Niederwald) bis zur dritten (vom Wegweiser an gerechnet) rechts hinabweisenden Schneuse (15 Min.), diese langsam ansteigend durch Hochwald hindurch bis zum Waldrande, diesen rechts abwärts eine kleine Strecke, zur Linken

Wiesengrund (15 Min.), dann quer über die Wiese hinüber dem Abhang des Berges hinan durch Hochwald gerade aus in östlicher Richtung und in 15 Min. ist Rambach erreicht. (Vgl. oben S. 96) Wirthschaft bei Roth.

Sollte bei den vom Jdsteiner Weg rechts abführenden Wald-Wegen etwa der richtige — direkt nach Rambach — verfehlt worden sein, so hat das wenig zu bedeuten; jedenfalls gelangt man in den oben gedachten Wiesengrund und mit diesem und dem Bache herab ins Hauptthal, das man bei der Stickel-Mühle erreicht. Unterhalb derselben verläßt man den Fahrweg, um links über einen Steg zum Waldessaum zu gelangen, an dem man, allmählich ansteigend, den Bach zur Rechten unter sich, zur Schloßruine von Sonnenberg gelangt. (Vergl. oben S. 94) Rückweg wie bei Ausfl. Nr. 26.

28. Auf den Bingert.
(Ueber Rambach.)

Vom Kursaal durch den Park nach der Dietenmühle und weiterhin den Promenadenweg — immer am Bache hin bis zu dem Steg nahe vor Sonnenberg — rechts bergan bis zum Burgthor der Ruine (35 Min.) Die Ruine bleibt zur Linken, der Pfad führt gerade aus durch die Anlage jenseits zum Thale hinab, Dorf und Bach zur Linken, am Saum des Waldes hin bis zum Steg über den Rambach und die Fahrstraße aufwärts zur Stickelmühle (15 Min.) Gleich hinter derselben führt ein Fußpfad in den Wald, man halte sich am Saume desselben, am Rand der Wiese und umkreise den schön geformten vorgeschobenen Hügel, der die Kapelle trägt. Hinter einer kleinen rückwärts gelegenen Mühle erreicht man das hintere Ende des Dorfes und durch dasselbe hindurch (die Landstraße nach Naurod bleibt zur Linken) rechts hinauf zur Schule (20 Min.) Hier nehme man den Fahrweg zwischen mehreren Häusern bergan. Zur Linken sind einige Steinbrüche am Weg, der bald durch Feld auf der Höhe zu einem Hohlweg führt, wo mehrere Wege sich schneiden. Man folge dem Hohlweg oder steige noch einige Schritte rechts von demselben zum Gipfel des Berges, auf dem Bingert genannt, (25 Min.) um hier eine der großartigsten Aussichten in die Gebirgswelt zu genießen. Das ganze Panorama unserer Taunuskette stellt sich, wie eine waldige Höhe, von dem Rheingauischen Gebirge und der Platte zur Linken über Trompeter und Kellerskopf hinaus bis zum Staufen bei Epstein und dem Gipfelpunkt der ganzen Kette, dem großen Feldberg (2708') bei Königstein' mit manchen Thaleinschnitten und Vorbergen zur Rechten wahrhaft großartig dar. — Der Rückweg bleibt auf der kahlen Höhe — im Grunde zur Linken den Lindenthaler Hof und den nach Kloppenheim hinabziehenden Wiesengrund — und geht dann (rechts die alte Kirche, umgeben von dem Gottesacker von Sonnenberg) bergab, die Bodenrisse eines Wolkenbruchs zur Linken; weiter unten bleibt die Dietenmühle zur Rechten und der Promenadenweg ist erreicht, der (20 Min.) zum Kursaal zurückführt.

29. Zur alten Kirche
(Ueber die Dietenmühle.)

Vom Kursaal dem Promenadenweg entlang bei dem Steg über den Bach rechts hinauf, die Dietenmühle zur Linken und hier gerade hinauf durch den Hohlweg, der sich hart an den Schluchten des Wolfenbruchs (zur Rechten) in die Höhe windet. Gerade auf geht es den unregelmäßigen Fahrweg (zuletzt ein Graben links) und die alte Kirche (40 Min.) ist erreicht. Man geht quer über den Graben und zwischen Hecken und Ackerfeld entlang, bis man vorn zur Thoröffnung herein auf den Kirchhof tritt. Einer aus der Burgmannschaft des Schlosses Sonnenberg, der Familie der (1475 ausgestorbenen) Hude von Sonnenberg angehörig, mit Namen Werner, erbaute an diesem unvergleichlich schön gewählten Punkte im Jahre 1429 diese Kreuzkirche. Das Dorf Sonnenberg, dessen Burg ursprünglich in der Gemarkung Bierstadt auf Mainzischen Grund und Boden errichtet war, pfarrte damals noch (bis 1609, wo die Pfarrei bei der Kapelle im Dorfe selbst errichtet ward) nach Bierstadt; seine Todten wurden theils dorthin, theils nach Wiesbaden begraben. Die wachsende Bevölkerung ließ jedoch in Wiesbaden den dortigen Kirchhof bald zu klein werden, so daß die Sonnenberger sich nach einem eigenen Begräbnißplatz umsehen mußten, den sie seit 1553 hier bei ihrer Kreuzkirche anlegten. Seit Einführung der lutherischen Glaubensänderung in der Grafschaft (1540) mehr und mehr außer Gebrauch gekommen und wohl auch im dreißigjährigen Kriege hart mitgenommen, zerfiel das kleine Gebäude, dessen Dachwerk erst 1730 ganz abgebrochen wurde, zur Ruine.

Man nehme den steilen Fußpfad vom Kirchhofe rechts und dann gerade steil bergab, wo man bei dem Thor der Ruine anlangt, (Wirthschaft am Fuß der Ruine, zum Kaif. Adolf, empfehlenswerth), gehe hier den Fahrweg hinab, rechts durch's Dorf, überschreite den Steg und gehe dann links hin, eine Gartenmauer zur Linken, einen hohlen Weg hinan bis auf die Höhe im Feld oben, gerade aus und dann wieder langsam abwärts quer durch das Wiesenthälchen der Tennelbach und jenseits — bei dem Rettungshaus (links) vorüber — durch das Fichtenwäldchen auf den Idsteiner Weg. Diesen oder den Geisberg-Promenadenweg (rechts) hinab, kehre man zur Taunusstraße zurück.

30. Nach Bierstadt.

Vom Kursaal hinweg auf den Promenadenweg bis in die Nähe der Dietenmühle, gerade wie bei Ausfl. Nr. 29. Statt links zu dem verwachsenen Hohlweg nehme man hier (den Fahrweg nach dem Bierstadter Berg zur Rechten lassend) den schmalen, durch Wiesen sich hinanschlängelnden Pfad, der allmählich zur Rechten bergan sich wendend (15 Minuten vor dem Dorf) in die mit Obstbäumen eingefaßte Landstraße übergeht. — Wirthschaft zum jungen Löwen, sehr empfehlenswerth. — Zum Rückweg nehme man den Feldweg (Haus und Hof bleiben zur Rechten) zum Wartthurm (20 Min.); vgl. oben S. 97; und von da den Feldweg gerade aus; dann rechts hinab zum Fahrweg und dem Felsenkeller (10 Min.) Ein reizender Weg führt von hier quer über die Landstraße hinab (rechts im van Breck'schen Garten ein f. g. Schweizerhäuschen) zu den Kursaal-Anlagen und der Stadt zurück.

II. Weitere Ausflüge.

(Nr. 31—40).

Wir verstehen darunter solche, die mindestens einen ganzen Tag oder etwas mehr erfordern.

31. Schlangenbad und Schwalbach.

Omnibus von Biebrich (Gasthaus zur Krone) in den Sommermonaten zweimal täglich, nach Schlangenbad in 2, Schwalbach in 3 St., Fahrpreis 1. fl., hin und her 1½ fl. — Eilwagen von Schwalbach nach Wiesbaden täglich einmal, Nachm. 2 Uhr in 2½ St.

Den Fußweg von Wiesbaden über Georgenborn nach Schlangenbad (vgl. oben S. 102). Von Schlangenbad steigt die Landstraße fast beständig, über den Sattel des Gebirgs hinüber in 1½ St. nach Langen-Schwalbach, dem berühmten Kurort am nördlichen Abhang des Gebirgs (670' über d. Rhein, 900' über dem Meer), in einer Bergschlucht, die zu den reizendsten Anlagen umgestaltet ist, sich 10 Min. lang hinziehend, an der großen Landstraße nach Ems und Koblenz. Seine eisenhaltigen Wasser, besonders der Stahlbrunnen, Wein- und Paulinen-Brunnen geben dem Ort europäische Berühmtheit.

Zwei Fahrwege führen nach Wiesbaden; der ältere über den höchsten Gebirgskamm (hohe Wurzel, Chausséehaus und Clarenthal), der neuere (S. oben Ausfl. Nr. 4) durch's Aarthal hinauf bis Bleidenstadt (1 St.), von da nach Hahn, (10 Min.) und von hier aus rechts, beständig aber ganz sanft ansteigend, über die Waldhöhe „Eiserne Hand" und an dem Holzhacker-Häuschen vorüber ins Walkmühl-Thal und zur Stadt (2¼ St.).

32. Kiedrich und Eberbach.

Zu Fuß: Ueber Doßheim, Frauenstein, Hof Armada zur Linken, durch den Wald über die Höhe, jenseits zwischen Obstgärten und Weinbergen hinab nach
2¼ St. Neudorf (S. oben S. 75), hier bei dem Wegweiser links bergan nach
30 Min. Rauenthal, dessen alterthümlicher Kirchthurm weithin sichtbar ist; südwärts senken sich die rebenbepflanzten Bergabhänge in die Thäler hinab, denen das hiesige Gewächs seinen weiten Ruhm verdankt. Auf der Höhe, 15 Min. von dem Dorf entfernt — (man geht 50 Schritte von dem Kreuze weg rechts) — eröffnet sich eines der großartigsten Rheingau-Panoramen bei einer zerfallenen Kapelle. — Den Weg nach Kiedrich hinab, 1¼ St., nicht ohne Führer. — Michaels-Kapelle, — Pfarrkirche, mit merkwürdigen Holzschnitzereien, Ruine Scharfenstein, hochberühmter Weindistrikt Gräfenberg. In 25 Min. Eichberg (Irren-Anstalt), von da in 12 Min. Eberbach, ehemal. Cisterc.-Abtei, jetzt Correctionshaus. — Auf der Straße, rechts, die an den Besuch und die 1131 vollzogene Klosterstiftung des h. Bernhard v. Clairveaux erinnernde zerfallene Kapelle „Bernhardi Ruh", weiterhin an dem uralten Kloster-

hof „Neuhof" vorüber nach Hattenheim (50 Min.); zurück auf der Rheing. Eisenbahn.

Wer zum Hin- und Herweg die Eisenbahn vorzieht, fährt auf der Rheingauer Eisenbahn nach Eltville, geht von hier über Kiedrich ($^3/_4$ St.) nach Eberbach (35 Min.), und zurück zur Eisenbahn-Station Hattenheim (50 Min.)

33. Johannisberg und Rüdesheim.

Rheing. Eisenbahn bis Winkel, von da Fußweg zu dem Dorfe Johannisberg und dem Schlosse des Fürsten Metternich (40 Min.); abwärts nach Geisenheim (40 Minuten), oder direkt nach Rüdesheim (1 St.) — Rückkehr auf der Rheingauer Eisenbahn direkt nach Wiesbaden, oder vermittelst der Dampfboote nach Biebrich. Die Abendschiffe correspondiren in der Regel mit dem Abgang des Bahnzugs der Taunus-Bahn von Biebrich nach Wiesbaden.

34. Mainz.

Am beliebtesten ist ein Besuch in der neuen Anlage, wo jeden Freitag Nachmittags 5 Uhr abwechselnd die preußische oder österreichische Militärmusik ein außerordentlich großes Publikum um sich versammelt. Wer die andern Sehenswürdigkeiten der Stadt (Eigelstein, Kenotaphium des römischen Feldherrn Drusus Germanicus, † im Jahre 9 vor Chr. G., hinter der Citadelle gelegen, wozu man die Eintrittskarte bei dem Platz-Commando in der Thiermarkt-Straße vorher wolle abholen lassen — Dom — Museum im ehem. kurfürstl. Schloß — Gutenbergs Statue am Theater — Gutenbergs Original-

Druckerpresse (Bruchstück) mit Inschrift von 1441, im ältesten Druckhaus, jetzt Bierwirthschaft zum Jungen — mit Muße in Augenschein nehmen will, gehe schon Morgens hinüber und widme den Vormittag diesen Sehenswürdigkeiten. Restaurationen: bei Klein im rothen Haus, am Theaterplatz, Café de Paris, am Theaterplatz.

Zur Reise kann man wählen: 1. Taunus-Bahn bis Castel, dann Rheinbrücke (2 kr. Brückengeld) — 2. Omnibus oder Eisenbahn nach Biebrich; von hier fährt jede Stunde ein Lokal-Dampfboot direkt nach Mainz.

35. Bingen.

Omnibus nach Biebrich (die Reisenden werden, nach vorausgegangener Bestellung bei der Agentur (vergl. unten Anh. III.), Morgens rechtzeitig vom Omnibus in ihren Quartieren abgeholt) zum Anschluß an die Thal-Boote der verschiedenen Gesellschaften. Das Boot erreicht Bingen in 1 Stunde. — Ruine Klopp; — Kapelle auf dem Rochusberg ½ St. — Scharlach-Kopf, von da ½ Stunde. — Gegenüber Rüdesheim. Rückkehr mit dem Dampfboot nach Biebrich oder auf der Rheini. Eisenbahn, direkt nach Wiesbaden.

36. Rheinstein und Niederwald.

Von Biebrich nach Bingen (S. Ausfl. Nr. 35); Nachen nach Rheinstein (20 Min.) und Asmannshausen, (Taxe: 1—3 Pers. 1 fl. 12 kr., 4 Pers. 1 fl. 30, mehr als 4 Pers. jede 18 kr.) Besteigung des Niederwalds, von Asmannshausen her (Esel-Taxe: von Asm. bis zum Jagdschloß 48 kr., auf den Tempel 1 fl. 12 kr., nach Rüdesheim 1 fl. 24 kr.) Die ganze Strecke von Asm. über den Niederw. nach Rüdesheim kann in 2½ St. zurückgelegt werden. — Rückreise auf dem Dampfboot oder der Rhein-Eisenbahn.

37. Pfalgraben und Idstein.

Mit dem Limburger Eilwagen über die Platte nach Neuhof (in 2 St.); Wirthschaft im Posthause, empfehlenswerth. Von hier aus zu Fuße auf derselben Landstraße bis zur Höhe (20 Min.), links das Dorf Orlen, rechts oben ein Fichtenwald. Im Walde rechts liegen die Quellen der Aar, die über Neuhof und Wehen nach Schwalbach abfließt. Dicht an der Landstraße zur Rechten, 30 Schritte vor dem Fichtenwald, gewahrt man die Wallaufwürfe, welche die größtentheils zerstörten Grundmauern eines römischen Kastells, das einst, nach aufgefundenen Inschriften, von Trevirischen Hülfstruppen der 22. Legion besetzt war. Seine 5' dicke, in der Mitte jeder Seite mit einer Thoröffnung versehene Ringmauer (ein Oblong von 519' Länge zu 360' Breite) ist erst im vorigen Jahrhundert zerstört und das Material zum Straßenbau verwendet worden. Hinter dem Kastell im Walde als ein Vorwerk desselben liegt ein ansehnlicher Kreiswall.

Die militärische Bestimmung des Kastells wird sogleich klar, wenn man noch 200 Schritte die Landstraße weiter geht bis zu der Stelle, wo rechts zum Wald hinein, zwischen dem Fichtenwald und Buchenhochwald eine Lichtung ist und eine grasbewachsene, steile Böschung sich unterhalb

des Fichtenwaldes durch den Wald hinzieht. Wir stehen
an dem **Pfalgraben**, einst einem Grenzwall des römischen Reiches gegen die Einfälle der Germanen, dem großartig angelegten, durch Kastelle und kleinere Thürme ge-
deckten Bollwerk des Kaisers Hadrian, das von der Donau
her bis zum Niederrhein gezogen war und dessen Spuren
sich selbst heute noch hin und wieder, namentlich im Taunus, erkennen lassen. Da übrigens auch diese letzten
Spuren durch die Bodenkultur früher oder später gänzlich
verschwinden werden, so ist dieses wohlerhaltene Stück
römischer Grenzbefestigung, das sich als niedriger, busch-
bewachsener Erdaufwurf noch ³/₄ Stunde weit in östlicher
Richtung verfolgen läßt, jedenfalls eine der geschichtlich merk-
würdigsten Stellen, welche der Fremde von Wiesbaden
aus nur besuchen kann. Den Liebhaber wird es nicht ge-
reuen, diesen Weg neben römischem Wall und Graben 25
Min. weit zu verfolgen; wo die Waldung sich lichtet und
der niedrige Erdaufwurf einen Winkel bildet, bezeichnen
Fundamentmauern den Standpunkt eines viereckigen 15' im
Quadrat großen römischen Wartthurms oberhalb des in
engem Thale belegenen Dorfes Eschenhahn (7 Min.) Das
Wirthshaus „zum Pfahlgraben" mitten im Dorf bezeichnet
die Stelle, wo einst jener Wall den Wiesengrund quer
durchsetzte, um jenseits gleich wieder bergan in östlicher
Richtung weiter zu ziehen. Eine ganz neu hergestellte
Fahrstraße führt von hier in 35 Min. nach Neuhof zurück.
Die neue schöne Landstraße gerade aus führt nach **Idstein**
(³/₄ St.) mit dem merkwürdigen Landesarchiv im alten
Schloß und der im Innern sehr sehenswerthen, mit Marmor

reich ausgestatteten Pfarrkirche modernen Styls. Ein an Abwechslung sehr reicher, guter Fahrweg zieht von hier thalaufwärts über Seelbach, Niedernhausen und Naurod und betritt bei Rambach wieder die Umgebungen von Wiesbaden. Entfern. bis Idstein 4 St. — Gastwirthschaft bei A. Wiegand (zum goldenen Lamm), sehr empfehlenswerth. — Eilwagen von Idstein 2 mal täglich, nach Neuhof, zum Anschluß an den Limburger Eilwagen von und nach Wiesbaden.

38. Eppstein.

Eine der reizendsten Gebirgspartien. Vom Kursaal führt der Weg zur Dietenmühle und der alten Kirche (vgl. Ausfl. N. 29) bis zur Höhe hinan, dann rechts hinab zum Lindenthaler Hof, (1 St.) jenseits hinan über Hesloch (½ St.), nach Bremthal (1 St.) und Eppstein (1 St.) Die Burg, einst der Sitz eines blühenden Rittergeschlechtes, das dem Mainzer Erzstuhl 5 Kirchenfürsten gegeben, jetzt im Besitze des Archivar Habel von Schierstein, der ihre Umgebungen geschmackvoll unterhalten läßt, bildet eine malerische Ruine. — Gute Wirthschaft auf der Oelmühle am Ende des Dorfes, am Fuße des 1405' hohen Staufen. — Fahrweg durchs Thal an mehreren Mühlen vorüber nach Lorsbach (¾ St.) und Hofheim (½ St.) Kapelle links auf der Höhe (25 Min.) mit herrlicher Aussicht nach der Bergstraße und dem Haardtgebirge, 782' üb. Meer. — Sehr empfehlenswerthe Wirthschaft bei Fach. — Ueber Krüftel nach Hattersheim (¾ St.) — Rückkehr nach

Wiesbaden auf der Taunus=Bahn. (Vgl. Anhang Nr. III A).

39. Königstein.

Taunus=Bahn nach Höchst und Zweigbahn nach Soden. Von hier ein Waldpfad über die Höhe nach Cronthal (³/₄ St.) und Cronberg (¹/₄ St. — Stadtkirche mit herrlichen Monumenten der Herren v. Cronberg, Schloßkapelle und Schloß mit einem alten Gemälde der Schlacht bei Eschborn 1389. — Bergaufwärts eine Wiese hinan nach Falkenstein (35 Min.) mit dem unvergleichlich herrlich gelegenen Burgthurm, dessen Herstellung und geschmackvolle innere Einrichtung Herrn A. H. Osterrieth in Frankfurt verdankt wird. — Auf der Höhe nach Königstein. (Festungsruine von großer Bedeutung), — Wirthschaft bei Pfaff sehr empfehlenswerth. — Wer den Gebirgsausflug weiter ausdehnen und den großen Feldberg, die höchste Spitze des Gebirges, 2 St. von hier, ersteigen will, bleibt in Königstein über Nacht, und begibt sich des andern Morgens in aller Frühe auf den Weg, um den Sonnenaufgang zu genießen. Omnibus fahren in den Sommermonaten zweimal täglich über Neuenhain nach Soden, zum Anschluß an die Züge der Sodener Zweigbahn und der Taunus=Bahn.

40. Frankfurt.

Taunus=Bahn (vergl. Anh. II, 1): Besichtigung der Hauptsehenswürdigkeiten. 1. Die neu restaurirte Wahl= und Krönungskirche der deutschen Könige. — 2. Der Kaiser=Saal im Römer. — 3. Die Städel'sche

Kunst-Anstalt. — 4. Göthe's Standbild und 5. das Gutenbergs-Denkmal am Roßmarkt. — 6. Das Hessen-Denkmal vor dem Friedberger Thor. — 7. Die Paulskirche. — 8. Die Judengasse. — 9. Die Mainbrücke. — 10. Das Museum „Bethmann."
Rückkehr auf der Taunus-Bahn.

Die schönsten Aussichtpunkte.

A. In der Nähe der Stadt: 1. Schöne Aussicht oberhalb der Wilhelmstraße (vergl. Ueberbl. S. 1—4) 2. Heidnische Mauer beim alten Kirchhof (vergl. S. 30) 3. Kastell (am Zusammenstoß der Röder- und Schwalbacher Straße auf dem Plateau des Heidenbergs (vergl. S. 31) 4. Felsenkeller am Riether Berg auf dem Weg nach Clarenthal (vgl. S. 78) 5. Bierstadter Felsenkeller oberhalb der Kuranlagen (vgl. S. 97) 6. Geisberg (S. 47).

B. In einiger Entfernung von der Stadt: 7. Bierstadter Wartthurm vgl. S. 97) — 8. Alte Kirche oberhalb Sonnenberg (S. 116) — 9. Bingert (S. 114) — 10. Sonnenberger Schloßruine (S. 94) — 11. Tempel auf dem Nersberg (S. 105) — 12. Schläferskopf (S. 103). — 13. Platte (S. 83). — 14. Georgenborn (S. 101). — 15. Schiersteiner Haide, oberhalb Dotzheim (S. 76) — 16. Adolfshöhe auf dem Mosbacher Berge (S. 69).

Anhang I.

Tägliche Posten.

Stationen.	Meilen.	Zeit des Abgangs.	Ankunft nach Stunden.	Personengeld.					
				fl.	kr.	fl.	kr.	fl.	kr.
Coblenz...	10½	8 UhrMorg.	9¼	3	26	4	33	5	1
„ ...	—	8¼ „ Abds.	9	—		—		—	
Dillenburg.	13½	8 „ Morg.	12¾	4	23	i. G.		4	38
Ems	6	8 „ „	7¼	2	25	3	23	3	51
„	—	8¼ „ Abds.	7	—		—		—	
Limburg ..	6	8 „ Morg.	5¼	1	45	i. G.		2	—
„ ...	—	3 „ Nachm.	5	—		—		—	
Schwalbach.	2¼	8 „ Morg.	2¼	—	44	1	2	1	10
„ .	—	8¼ „ Abds.	2¼	—		—		—	

Englische Post.
(via Ostende.)

Abgang von Wiesbaden.	Ankunft in Wiesbaden.
Morgens 10 Uhr.	Nachmittags 1 u. 4 Uhr, mit Ausnahme Dienstags.

(via Calais.)

Morgens 6 Uhr.	Nachmittags 4½ Uhr.
Abends 10 Uhr.	

Französische Post.

Morgens 6 Uhr.	Nachmittags 4½ Uhr.
Abends 10 Uhr.	

Anhang II.

Eisenbahnen.

1. Taunus-Bahn.

Erbaut 1837—1839 von Herrn v. Denis in München.

a. Personen-Tarif der Station Wiesbaden.

Vom 1. April an.

Von Frankfurt nach Wiesbaden.

Meilen	Stationen.	Morgens.		Vormittags.		Nachmittags.	Abends.		Fahr-Preise.			
		U. M.	U. M.	U. M.	U. M.	U. M.	U. M.	U. M.	I. fl. kr.	II. fl. kr.	III. fl. kr.	IV. kr.
		II.	III.									
	Frankfurt	5 25	8 5	10 15	11 15	2 45	6 —	8 45				
1¼	Höchst...	5 47	8 22		11 33	3 3	6 18	9 2	— 36	— 24	— 18	12
2	Hattersheim	6 4	8 34	Schnz.	11 46	3 16	6 31	9 15	1 —	— 40	— 27	18
3	Flörsh-Weil	6 20	8 50		11 59	3 29	6 44	9 30	1 24	1 —	— 39	27
	Hochheim.	6 35	9 1		12 11	3 41	6 55	9 41	1 45	1 15	— 48	33
4½	Castel . an	6 45	9 10	11 —	12 20	3 50	7 5	9 50	2 6	1 27	1 —	42
—	Castel . ab	6 50	9 15	2 35	12 25	3 55	7 10	9 55	—	—	—	—
5¼	Biebrich an	7 10	9 35	2 55	12 45	4 15	7 30	10 15	2 30	1 45	1 12	48
—	Biebrich ab	6 50	9 15	2 35	12 25	3 55	7 10	9 55	—	—	—	—
5¾	Wiesbaden	7 10	9 35	2 55	12 45	4 15	7 30	10 15	2 42	1 48	1 15	51

Von Wiesbaden nach Frankfurt.

	Wiesbaden	5 45	—	8 —	10 15	2 15	6 15	8 35				
¾	Biebrich an	6 5	—	8 20	10 35	2 35	6 35	8 55	—	— 12	— 9	6
—	Biebrich ab	5 45	—	8 —	10 15	2 15	6 15	8 35	—	—	—	—
1¼	Castel . an	6 5	—	8 20	10 35	2 35	6 35	8 55	— 36	— 24	— 18	12
—	Castel . ab	6 15	7 25	8 25	10 40	2 40	6 40	9 5	—	—	—	—
—	Hochheim .	6 32		8 36	10 50	2 50	6 53	9 16	— 54	— 39	— 27	18
2¾	Flörsh-Weil	6 48	7 48	8 49	11 2	3 4	7 3	9 29	1 15	— 54	— 36	27
3¾	Hattersheim	7 6	8 10	9 4	11 17	3 18	7 16	9 43	1 42	1 12	— 48	33
4½	Höchst...	7 22	8 25	9 17	11 31	3 31	7 30	9 57	2 6	1 27	— 57	42
5¾	Frankfurt .	7 40	8 35	9 30	11 45	3 45	7 45	10 10	2 42	1 48	1 15	51

(40 Pfund Gepäck frei.) (60 Pfund bis Paris.)

b. Güter-Tarif der Station Wiesbaden.

Auf der Taunus=Bahn gelten die Bestimmungen des Regle=
ments des mitteldeutschen Eisenbahn=Verbandes, so daß mit einem
Frachtbrief das Gut direkt nach allen Stationen Deutschlands ver=
sendet werden kann.

Aufgabe=Zeit: von Morgens 7 Uhr bis Abends 7 Uhr.

Die Beförderung der Güter geschieht nach **drei Klassen:**
I. Gewöhnliche Frachtgüter, II. Rohstoffe, III. Pauschgüter, d. h.
sehr voluminöse oder solche Güter, die bei der Verladung besondere
Aufmerksamkeit erfordern, als Möbel, Pflanzen, Instrumente u. A.

Die gewöhnliche Lieferzeit, von der Uebernahme bis zur An=
kunft in der Abgabe=Station gerechnet (Wiesbaden bis Frankfurt),
wird für Güter I. Cl. auf 36 Stunden angenommen, indessen für
Güter II. Cl. keine bestimmte Lieferzeit garantirt wird.

Für Güter aller drei Classen, welche als **Eilgut** befördert wer=
den sollen, wird der doppelte Tarifsatz der entsprechenden Classe
bezahlt.

Die Absendung der Eilgüter wird der Art beschleunigt, daß
dieselben, wenn sie zwei Stunden vor Abgang des Zuges der Ex=
pedition übergeben werden, mit dem nächsten Zuge befördert werden
müssen.

Die Empfangnahme der angekommenen Güter muß spätestens
24 Stunden nach geschehener Meldung der Ankunft durch die
Empfänger oder deren Beauftragte erfolgen, widrigenfalls ein
Lagergeld von 2 kr. pro Centner und Tag erhoben wird.

Allenfallsige Nachnahmen und Spesen werden nach Eingangs=
Anzeige von der Aufgabe=Station baar ausbezahlt.

Die vorgeschriebenen **Frachtbrief=Formulare** sind auf der
Station selber oder auch bei den von der Direction hierzu ermäch=
tigten Buchdruckern G. Riedel (Langgasse 19) und K. Ritter
(Langgasse 21) per 100 Stück zu 35 kr. zu beziehen.

Reclamationen gegen stattgehabte Beförderung sind bei der
Bahn=Direction (Station Frankfurt) vorzubringen.

c. Fracht-Tarif
für Güter, Geldsendungen und Gegenstände mit Werth-Angabe.

Von	Nach Frankfurt			Nach Höchst			Nach Castel			Nach Biebrich			Nach Wiesbaden		
	I. Cl.	II. Cl.	III. Cl.	I. Cl.	II. Cl.	III. Cl.	I. Cl.	II. Cl.	III. Cl.	I. Cl.	II. Cl.	III. Cl.	I. Cl.	II. Cl.	III. Cl.
	pr. Ctr.			pr. Ctr.			pr. Ctr.			pr. Ctr.			pr. Ctr.		
	fr.	fr.	fr.	fr.	fr.	fr.	fr.	fr.	fr.	fr.	fr.	fr.	fr.	fr.	fr.
Frankfurt	—	4	8	4	4	8	8	7	18	9½	8½	22	10	9	22
Höchst	4	4	8	—	—	—	8	7	18	9½	8½	22	10	9	22
Hatterscheim	4	4	8	4	4	8	4	4	8	6	6	18	6	6	18
Flörsheim	8	7	18	8	7	18	4	4	8	6	6	18	6	6	18
Hochheim	8	7	18	8	7	18	4	4	8	6	6	18	6	6	18
Castel	8	7	18	8	7	18	—	—	—	4	4	8	4	4	8
Biebrich	9½	8½	22	9½	8½	22	4	4	8	—	—	—	4	4	8
Wiesbaden	10	9	22	10	9	22	4	4	8	4	—	8	—	—	—

☞ Bei Geldsendungen über fl. 1000 werden als Fracht 2 Kreuzer vom Hundert erhoben. Geringere Beträge zahlen den Transport von fl. 1000. Bei dieser Beförderung werden alle Bahnentfernungen gleich geachtet.

Den Güter-Versendern wird am Schlusse des Jahres nachstehender Rabatt bewilligt und zwar:

von 12,000 Centner bis 18,000 Centner 5 pCt. von dem gezahlten Frachtbetrag:
" 18,001 " " 24,000 " 7½ " " " " " :
" 24,001 " " 50,000 " 10 " " " " " :
" 50,001 " " 100,000 " 15 " " " " " :
" 100,001 " und weiter 20 " " " " " :

2. Nassauische Rhein- und Lahn-Eisenbahn.
Fahrplan für den Sommerdienst.
Von Wiesbaden nach Rüdesheim.

Stationen.	II. Morgens. U. M.	IV. Morgens. Uhr M.	VI. Nachmittags. Uhr M.	VIII. Nachmittags. Uhr M.	X. Abends. Uhr M.	XII. Sonn- und Feiertags. Abends.	Fahr-Preise. Classe: I. fl. kr.	II. kr.	III. kr.
			Gemischt. Zug.						
Wiesbaden . Abg.	7 30	10 —	1 —	3 10	7 50	9 25			
Biebrich=Mosbach „	7 41	10 11	1 11	3 22	×8 2	9 36	—	18	12 6
Schierstein . . . „	7 48	10 18	1 18	3 30	8 10	9 43	—	27	18 9
Niederwalluf . . „	7 55	10 25	1 25	3 37	8 17	9 50	—	36	24 12
Eltville . . . . . „	8 2	10 32	×1 32	3 45	8 25	×9 59	—	45	30 15
Hattenheim . . . „	8 12	10 42	1 42	3 56	8 36	10 10	—	54	36 18
Oestrich . . . . . „	8 17	10 47	1 47	4 1	8 41	10 15	1 3	42	21
Winkel (Johannisberg) „	8 23	10 53	1 53	4 7	8 47	10 23	1 12	48	24
Geisenheim . . . „	8 30	11 —	2 —	4 14	8 54	10 30	1 21	54	27
Rüdesheim . Ank.	8 35	11 5	2 5	4 20	9 —	10 35	1 30	1 fl	30

Von Rüdesheim nach Wiesbaden.

Stationen.	I. Morgens. U. M.	III. Morgens. Uhr M.	V. Nachmittags. Uhr M.	VII. Nachmittags. Uhr M.	IX. Abends. Uhr M.	XI. Sonn- und Feiertags. Abends.	Fahr-Preise. Classe: I. fl. kr.	II. kr.	III. kr.
			Gemischt. Zug.						
Rüdesheim . Abg.	6 20	8 50	12 45	4 40	7 5	9 20			
Geisenheim . . . „	6 27	8 57	12 54	4 47	7 12	9 27	—	18	12 6
Winkel (Johannisberg) „	6 34	9 3	1 3	4 54	7 19	9 34	—	27	18 9
Oestrich . . . . . „	6 40	9 9	1 10	5 —	7 25	9 40	—	36	24 12
Hattenheim . . . „	6 45	9 14	1 16	5 5	7 30	9 45	—	45	30 15
Eltville . . . . . „	6 58	9 26	×1 30	5 18	7 43	×9 57	—	54	36 18
Niederwalluf . . „	7 4	9 32	1 36	5 24	7 49	10 4	1 3	42	21
Schierstein . . . „	7 11	9 38	1 42	5 31	7 56	10 11	1 12	48	24
Biebrich=Mosbach „	7 19	9 45	1 49	5 39	8 4	10 19	1 21	54	27
Wiesbaden . Ank.	7 30	9 55	2 —	5 50	8 15	10 30	1 30	1 fl	30

Anschlüsse der Taunus=Eisenbahn.

	Morgens. U. M.		Nachmittags. U. M.		Abends. U. M.	
Von Frankfurt a/M.	5 25	8 5	11 15	—	6 —	8 45
„ Castel=Mainz	6 58	9 15	12 25	2 30	7 10	9 55
in Wiesbaden	7 10	9 35	12 45	2 55	7 30	10 15

Anschlüsse an die Taunus=Eisenbahn.

	Morgens. U. M.		Nachmittags. U. M.		Abends. U. M.	
Von Wiesbaden	8 —	10 15	2 15	6 10	8 35	—
in Castel=Mainz	8 20	10 35	2 35	6 30	8 55	—
„ Frankfurt a/M.	9 30	11 45	3 45	7 40	10 10	—

Auf ein ganzes Personenbillet 40 Pfd. Gepäck frei.
Directe Billets von Frankfurt u. Castel nach Eltville u. Rüdesheim und von da nach ersteren. Die eingerahmten Zahlen bedeuten die Nachtsfahrzeiten von 6 Uhr Abds. bis 6 Uhr Morg. Die Extrazüge an Sonn- und Feiertagen werden nur in den Sommermonaten vom 1. Juni an befördert.
Kinder unter 10 Jahren zahlen die Hälfte.

Rhein-Dampfschifffahrt.

Kölnische und Düsseldorfer Gesellschaft.

Fahrplan vom 1. Mai ab.

Die [ ] eingerahmten Fahrzeiten bedeuten die Nachtstunden, welche von 6 Uhr Abends bis 6 Uhr Morg. gerechnet sind.

Fahrten rheinaufwärts.

Stationen.		1.	2.	3.	4.	5.	6.	7.
Rotterdam	Abg.	—	5½	—	—	—	—	—
Arnheim .	„	6	1½	—	—	—	—	—
Emmerich	„	9	5	—	—	—	—	—
Wesel . .	„	12	8	—	—	—	—	—
Düsseldorf	Ank.	5	1	—	—	—	—	—
Düsseldorf	Abg.	11	1	—	—	—	—	—
Köln . . .	„	6	8¼	10	1	5	10	—
Bonn . . .	„	8¼	10½	12½	3½	7¾	12½	—
Remagen .	„	9¾	12	2	5¼	9½	—	—
Neuwied .	„	11½	2	4	7	11½	4	—
Coblenz . .	Ank.	12¾	3¼	5½	8½	1	5½	—
Coblenz . .	Abg.	1	3½	—	—	1½	6	8
Bingen .	„	5½	8	—	—	6½	11	1
Biebrich	„	7½	10	—	—	9	1	3
Mainz . .	Ank.	8	10½	—	—	9½	1½	3½
Mainz . .	Abg.	—	6	—	—	11	2	—
Mannheim	Ank.	—	11	—	—	4	7	—

Fahrten rheinabwärts.

Stationen.		8.	9.	10.	11.	12.	13.	14.
Mannheim	Abg.	—	—	—	5	—	8	2¾
Mainz . .	Ank.	—	—	—	8½	—	11½	6½
Mainz . .	Abg.	—	—	5½	9¼	11	12½	4
Biebrich	„	—	—	5¾	9½	11½	1	4¼
Bingen . .	Abg.	—	—	7	11	12½	2¾	5½
Coblenz .	Ank.	—	—	9½	1½	3¼	5¼	8½
Coblenz .	Abg.	—	6	9½	1½	3¼	5¾	6½
Neuwied .	„	5½	6¾	10½	2½	4	6	7½
Remagen .	„	6½	7¾	11¾	3½	5	7	Ank.
Bonn . . .	„	7½	9	1	4¾	6¼	8¼	
Köln . . .	Ank.	8¾	10¼	2½	6	7½	9½	
Köln . . .	Abg.	—	—	—	6½	8½	6	
Düsseldorf	„	—	—	—	9	11½	9	
Wesel . . .	„	—	—	—	Ank.	2½	12½	
Emmerich .	„	—	—	—		6	3	
Arnheim . .	„	—	—	—		8	5	
Rotterdam	Ank.	—	—	—		2	Ank.	

Schnellfahrten sind Nr. 6 von Köln bis Coblenz, und Nr. 12 von Mainz bis Köln, in welchen nur an den angegebenen Stationen und für Personen mit Pavillon- und Salon-Billeten, sowie deren Diener verkehrt wird.

Die Fahrten zwischen Köln und Holland erfolgen in Gemeinschaft mit der Niederländischen Gesellschaft, und in Köln Morgens 6 und Abends 8½ Uhr von der Niederländischen Brücke.

Anschlüsse.

In Rotterdam.
Fahrt 2 an die Sonntags und Donnerstags von London kommenden Boote der General-Steam-Navigation-Compagny.
Fahrt 12 an die Mittwochs und Samstags nach London gehenden Boote der General-Steam-Navigation-Company und an die Eisenbahnzüge nach Haag.

In Emmerich.
Fahrt 2 an den Nachmittags 3½ von Holland kommenden Zug.
Fahrt 12 an den Morgens 5¾ nach Holland gehenden Zug.
Fahrt 13 an den Nachmittags 4 nach Holland gehenden Zug.

An die Züge der Eisenbahn von und nach Aachen-Belgien.

In Düsseldorf.
An die Züge der Eisenbahnen von und nach Elberfeld u. s. w.

In Cöln.
Die Fahrten 2 bis 6 an Züge der Rheinischen Bahn von Aachen-Belgien.
Die Fahrten 8 bis 13 an Züge der Rheinischen Bahn nach Aachen-Belgien.

In Deutz.
Die Fahrten 3 bis 6 an Züge der Cöln-Mindener Bahn von Düsseldorf u. s. w.
Die Fahrten 8 bis 12 an Züge der Cöln-Mindener Bahn nach Düsseldorf u. s. w.

In Rolandseck.
An die Eisenbahnzüge von Cöln, bei Fahrt 2 in Verbindung mit den ersten Zügen von Aachen, Düsseldorf, Elberfeld, Verviers.

In Biebrich.
An die Eisenbahnzüge nach Frankfurt u. s. w.

In Mainz.
An die Eisenbahnzüge von und nach Ludwigshafen, Saarbrücken, Strasburg u. s. w.

In Cassel.
Die Fahrten 10 bis 14 an die Züge der Taunus-Bahn von Frankfurt u. s. w.
Die Fahrten rheinaufwärts an die Züge der Taunus-Bahn nach Frankfurt u. s. w.

In Mannheim.
An die Eisenbahnzüge von und nach Heidelberg, Carlsruhe, Würtemberg, Baiern, Strasburg, Frankreich, der Schweiz.

Personen-Tarif
vom 15. Mai 1868 ab.

Von Cöln nach	Vor-fahrte. Sgr.	Salon. Sgr.	Schnell-fahrt. Sgr.
Beßling	2½	4	—
Bonn	4	6	8
Königsw.-Rolandseck	6½	10	—
Remagen	9	13½	—
Linz	10	16	—
Brohl	12½	20	—
Andernach	15	24	—
Neuwied	17½	28	35
Coblenz	20	32	40
Boppard	27½	44	—
St. Goar	30	48	—
Bingen	42½	68	85
Biebrich=Mainz	50	80	100
Mannheim	60	96	—
Düsseldorf	5	8	—
Uerdingen	7½	12	—
Duisburg=Homberg	10	16	—
Wesel	15	24	—
Emmerich	20	32	—
Arnheim	22½	36	—
Rotterdam	40	64	—

Pavillon kostet 50% mehr als Salon. Billete hin und zurück für Vorfahrte zum Salon-Preise eingereiht; für Salon, Schnellfahrt und Pavillon zum anderthalbfachen Preise.

Anhang IV.

Telegraphen-Benutzung.

A. Telegraph der Taunus-Bahn.

Der Bahn-Telegraph umfaßt sämmtliche Stationen der Taunus-Eisenbahn.

Depeschen werden auf dem Büreau der Station (Rheinstraße) aufgegeben.

Ihre Beförderung geschieht:
a. vom 1. April bis Ende September jeden Jahres von 7 Uhr Morgens bis 9 Uhr Abends.
b. vom 1. October bis Ende März jeden Jahres von 8 Uhr Morgens bis 8 Uhr Abends.

Depeschen, welche außerhalb der vorgenannten Stunden telegraphirt werden sollen, werden als Nacht-Depeschen befördert, wenn eine Anmeldung vorausgegangen ist.

Jede Depesche muß unverwischbar, deutlich und ohne Wortabkürzung geschrieben sein und die vollständige Adresse sowohl des Absenders als des Empfängers enthalten.

Sämmtliche Depeschen können nur in deutscher Sprache aufgegeben werden.

Der Preis für eine einfache Depesche (d. h. eine solche, welche mit Einrechnung von Ueberschrift und Unterschrift nicht mehr als 20 Worte enthält) kostet für jede Bahnstrecke 48 kr.

Eine doppelte Depesche, d. h. 21 bis 50 Worte, kostet 1 fl. 36 kr., 51 bis 100 Worte 2 fl. 24 kr.

Nacht-Depeschen bezahlen die doppelten Tarifsätze.

Das Dienst-Personal ist auf strenge Einhaltung des Telegraphen-Geheimnisses eidlich verpflichtet.

B. Königl. Preuß. Telegraphen-Station zu Wiesbaden.

Das Büreau (Rheinstr. 8) ist geöffnet (1. April bis 30. Septbr.) von Morgens 7 bis Abends 9 und vom (1. October bis 31. März) von Morgens 8 bis Abends 9 Uhr.

In besonders dringenden Fällen werden auch des Nachts von den im genannten Hause wohnenden Beamten Depeschen angenommen. Nacht-Depeschen müssen bis 8 Uhr Abends angemeldet werden; gehen sie an Stationen mit permanentem Nachtdienste, so ist die Taxe einer einfachen Depesche zu entrichten, hat jedoch die Adreß-Station keinen Nachtdienst, so wird eine doppelte Gebühr erhoben.

Alle zum Deutsch-Oesterreichischen Telegraphen-Verein gehörenden Staaten, als da sind: Oesterreich, Preußen, Bayern, Sachsen, Hannover, Würtemberg, Großh. Baden, Mecklenburg-Schwerin, sowie das Königreich der Niederlande, ebenso die andern in den Gebieten der Vereins-Regierungen gelegenen Telegraphen-Stationen, z. B. Preußen für Nassau in Wiesbaden, Bayern für Hessen in Mainz und Bingen ꝛc. haben folgende Tarifermäßigungen seit dem 1. April 1868 angenommen:

Als einfache Depeschen gelten 20 Worte
„   „ zweifache „ von 21—40 „
„   „ dreifache „   „ 41—60 „

Rückantwortungen können als einfache Depesche bezahlt werden. Für Weiterbeförderung per Boten sind 1 fl. 24 kr. zu hinterlegen, per Post recommandirt und sogleich per Expressen bestellt 28 kr.

Es werden Depeschen in deutscher, französischer, englischer, holländischer und italienischer Sprache abgefaßt, angenommen.

		1-20 Worte	30 Worte	40 Worte	50 Worte	60 Worte
1. Zone bis	10 Meilen	— fl. 42 kr.	1 fl. 3 kr.	1 fl. 24 kr.	1 fl. 45 kr.	2 fl. 6 kr.
2. „ über	10-25 „	1 „ 24 „	2 „ 6 „	2 „ 48 „	3 „ 30 „	4 „ 12 „
3. „ „	25-45 „	2 „ 6 „	3 „ 9 „	4 „ 12 „	5 „ 15 „	6 „ 18 „
4. „ „	45-70 „	2 „ 48 „	4 „ 12 „	5 „ 36 „	7 „ — „	8 „ 24 „
5. „ „	70-100 „	3 „ 30 „	5 „ 15 „	7 „ — „	8 „ 45 „	10 „ 30 „
6. „ „	100-135 „	4 „ 12 „	6 „ 18 „	8 „ 24 „	10 „ 30 „	12 „ 36 „
7. „ „	135-175 „	4 „ 54 „	7 „ 21 „	9 „ 48 „	12 „ 15 „	14 „ 42 „
8. „ „	175-220 „	5 „ 36 „	8 „ 24 „	11 „ 12 „	14 „ — „	16 „ 48 „

Ueberhaupt für jede 10 Worte die Hälfte der Zonengebühr, Zuschlag.

Alle Geldsorten werden — nach dem jeweiligen Cours — als Zahlung angenommen. — Die Beförderung aller Depeschen geschieht — im Interesse des Publikums — jedes Mal auf dem kürzesten und billigsten Wege; tritt nach Annahme der Depesche eine Unterbrechung der Linie ein, so wird dieselbe dennoch, trotz des Umweges nur für

Anhang V.
Droschken und Omnibus.
Ueber diese Fahrgelegenheiten gelten nachfolgende obrigkeitlich festgestellte Bestimmungen.

Tarif für Ein- und Zweispänner.

1. Aus dem Taunus-Bahnhof innerhalb des Stadtberings
für eine u. zwei Personen: Einspänner 24 kr. Zweispänner 24 kr.
für drei und mehr Personen: „ 36 „ „ 36 „
In den vorstehenden Taxen ist der Transport des gewöhnlichen Gepäcks, bestehend in einem Koffer oder Mantelsack, sodann Reisesack u. Hutschachtel einbegriffen.
Für jeden weiteren Koffer oder Mantelsack sind zu bezahlen 6 kr.

2. Fahrten innerhalb des Stadtberings und der Landhäuser, sowie nach dem Eisenbahnhof.

Einspänner.	Zweispänner.
¼ Stunde:	¼ Stunde:
1 oder 2 Personen — fl. 12 kr.	1 oder 2 Personen — fl. 18 kr.
und mehr „ — „ 18 „	3 und mehr „ — „ 24 „
½ Stunde:	½ Stunde:
1 oder 2 Personen — fl. 24 kr.	1 oder 2 Personen — fl. 36 kr.
3 und mehr „ — „ 36 „	3 oder mehr „ — „ 48 „
¾ Stunde:	¾ Stunde:
1 oder 2 Personen — fl. 36 kr.	1 oder 2 Personen — fl. 54 kr.
3 und mehr „ — „ 48 „	3 und mehr „ 1 „ 12 „
1 Stunde:	1 Stunde:
1 oder 2 Personen — fl. 48 kr.	1 oder 2 Personen 1 fl. 12 kr.
3 und mehr „ 1 „ — „	3 und mehr „ 1 „ 24 „

Anmerkungen.

1) Eine Fahrt innerhalb des Stadtberings einschließlich der Landhäuser wird für eine viertel Stunde gerechnet.
2) Bei Fahrten, welche länger als eine viertel Stunde dauern, wird bei Einspännern für die fünfte und jede weitere viertel Stunde von 1 und 2 Personen 9 kr. und von 3 und mehr Personen 12 kr., bei Zweispännern für die fünfte und jede weitere viertel Stunde 12 kr. bezahlt.
3) Von 10 Uhr Abends wird die doppelte Taxe und von Mitternacht an weiter die Hälfte der Taxe bezahlt.

3. Fahrten außerhalb der Stadt nach den nachstehenden Punkten.

Bezeichnung der Orte außerhalb der Stadt, nach welchen die Fahrt gerichtet ist.	Einspänner.						Zweispänner.					
	1 und 2 Personen.		3 und 4 Personen.				1 und 2 Personen.		3 u. mehr Personen.			
	fl.	fr.	fl.	fr.			fl.	fr.	fl.	fr.		
1) Fahrt in die Kursaal-Anlagen über die schöne Aussicht nach der Stadt zurück	—	36	—	48			—	48	1	—		
2) Dietenmühle, alter und neuer Geisberg, Nerothal (bis zur letzten Mühle) und Felsenkeller	—	30	—	42			—	42	1	12		
3) Walkmühle, Sonnenberg und griechische Kapelle	—	40	1	—			—	54	1	24		
4) Mersberg u. Clarenthal, Nerothal bis zur Leichweißhöhle	—	48	1	12			1	—	1	32		
5) Fasanerie, Doßheim, Dierstadt und Adamsthal	—	54	1	18			1	12	1	40		
6) Biebrich und Erbenheim	1	—	1	24			1	18	—	—		
7) Schierstein über Biebrich	1	15	1	30			1	30	2	—		

Bei den vorstehenden, unter 2 bis 7 aufgeführten Fahrten ist der Kutscher verpflichtet, die Rückfahrt für die halbe Taxe zu leisten und zugleich in diesem Falle eine halbe Stunde ohne weitere Vergütung zu warten.

8) Castel	2	—	2	—			3	—	3	36		
9) Mainz bis in die Anlagen	3	36	3	36			4	36	4	36		
10) Schlangenbad über Biebrich	4	30	4	30			6	30	6	30		
11) Schwalbach	5	—	5	—			6	30	6	30		
12) Sonnenberg und zurück über Rambach und Bierstadt	3	—	3	—			3	30	3	30		
13) Chausseehaus und zurück, Niederwalluf und zurück	3	—	3	—			4	—	4	—		
14) Platte (Hin- und Rückweg)	3	30	3	30			4	30	4	30		
15) Frauenstein und zurück	3	48	3	48			5	—	5	—		
16) Nürnberger Hof und zurück	3	30	3	30			4	30	4	30		
17) Frauenstein und zurück über Schierstein und Biebrich	3	—	3	—			5	—	5	—		
18) Eltville, Neudorf oder nach Georgenborn hin u. zurück	4	30	4	30			5	30	5	30		

Bei den vorstehend unter pos. 12 bis einschließlich 18 aufgeführten Fahrten ist in der Taxe die Vergütung für einen zweistündigen Aufenthalt einbegriffen.

Bezeichnung der Orte außerhalb der Stadt, nach welchen die Fahrt gerichtet ist.	Einspänner.				Zweispänner.		
	1 und 2 Personen.		3 und 4 Personen.		1 und 2 Personen.		3 u. mehr Personen.
	fl.	fr.	fl.	fr.	fl.	fr.	fl.	fr.
19) Castel und zurück von Nachmittags bis Abends	4	—	4	—	5	—	5	—
20) Mainz in die Anlagen u. zurück von Nachm. bis Abds.	5	—	5	—	7	—	7	—
21) Schlangenbad üb. Biebrich u. zurück von Nm. bis Abds.	6	—	6	—	7	—	7	—
22) Schwalbach und zurück vom Morgen bis zum Abend	7	—	7	—	8	—	8	—
23) Schwalbach und zurück über Schlangenbad u. Biebrich vom Morgen bis zum Abend	7	30	7	30	9	—	9	—

Anmerkungen.

1) In diesen Taxen sind Weg- und Brückengelder einbegriffen, und hat der Kutscher keinen Anspruch auf ein Trinkgeld.
2) Für die in dem vorstehenden Verzeichniß nicht aufgeführten Fahrten kommt der Tarif Nr. 2 in Anwendung.
3) Bei den Fahrten unter 1 bis 6 incl., sowie unter 12 bis 18 incl. wird ein längerer, als in der Tabelle bezeichneter Aufenthalt von ½ Stunde resp. 2 Stunden mit 40 fr. für jede Stunde besonders vergütet.
4) Kinder unter 12 Jahren in Begleitung Erwachsener zahlen die Hälfte der Taxe; Kinder, welche getragen werden, sind frei.
5) Der Tarif muß jederzeit auf dem vorderen Wagensitze angeheftet sein.
6) Beim Einsteigen hat der Droschkenkutscher jedem Fahrgast eine mit der Nummer der Droschke versehene Karte zuzustellen, denselben auch bei den Fahrten nach der Stunde beim Ein- und Aussteigen jedesmal die Uhr vorzuzeigen.
7) Beschwerden gegen die Wagenführer sind unter Beifügung dieser Karte dem Herzoglichen Polizei-Commissariate vorzubringen.

Die Omnibus

fahren aus dem Bahnhof der Taunus-Bahn nur innerhalb des Stadtberings.

Die Person zahlt 12 fr. (In dieser Taxe ist der Transport des gewöhnlichen Reisegepäcks, bestehend in einem Koffer und Mantelsack, sodann Reisesack und Hutschachtel einbegriffen.

Für jeden weiteren Koffer oder Mantelsack sind 6 fr zu bezahlen.

Anhang VI.
Preise der gewöhnlichen Ritte mit Eseln und Pferden,
einschließlich des Trinkgelds.

(Die Zeit des kürzeren Aufenthaltes an den genannten Orten ist nicht besonders zu bezahlen.)

1) Für einen Ritt auf die Platte hin und zurück . 1 fl. 24 kr.
2) Nach Mosbach und Biebrich hin und zurück . . 1 „ — „
3) Nach Schlangenbad hin und zurück . . . . . 2 „ — „
4) Nach Eppstein hin und zurück . . . . 2 „ — „
5) Nach dem Nürnbergerhof hin und zurück . . . 1 „ 45 „
6) Nach der Fasanerie hin und zurück . . . . . 1 „ — „
7) Nach dem Adamsthal hin und zurück . . . . — „ 48 „
8) Nach der Leichtweißhöhle hin und zurück . . . — „ 40 „
9) Für einen Ritt an die Leichtweißhöhle durch den Wald nach Sonnenberg . . . . 1 „ 12 „
10) Nach der Leichtweißhöhle durch den Wald auf den Nersberg hin und zurück . . . . 1 „ 12 „
11) Nach der Leichtweißhöhle durch den Wald nach Sonnenberg und Rambach hin und zurück . . . 1 „ 45 „
12) Nach dem Nerothal, Leichtweißhöhle, Fasanerie, Kloster Clarenthal . . . . 1 „ 45 „
13) Nach der Walkmühle hin und zurück . . . . — „ 40 „
14) Nach Sonnenberg hin und zurück . . . . . . — „ 40 „
15) Ueber Sonnenberg, Rambach und Lindenthalerhof hin und zurück . . . . 1 „ 45 „
16) Auf den Geisberg hin und zurück . . . . . — „ 24 „
17) Für einen Ritt über den Geisberg durch den Wald nach Sonnenberg . . . . 1 „ 12 „
18) Auf den Nersberg hin und zurück . . . . . — „ 36 „
19) Auf die Dietenmühle hin und zurück . . . . — „ 30 „
20) Nach der Bierstadter Warte hin und zurück . . — „ 36 „
21) Nach Bierstadt hin und zurück . . . . . . 1 „ — „
22) Nach Bierstadt über die Warte und zurück . . . 1 „ 12 „
23) Einen Ritt mit einem Esel . . . per Stunde — „ 30 „
24) Einen Ritt mit einem Pferde . . „ „ — „ 36 „

Der Aufstellungsplatz befindet sich an der Sonnenberger Landstraße gegenüber dem Berliner Hof.

Anhang VII.

Durchschnitts-Cours

der gangbarsten deutschen, französischen, russischen und englischen Münzen.

1 Gulden à 60 Kreuzer = 1 Shilling 8 Pence = 2 Francs 15 Centimes.

Stücke	Sovereign.		20 Francs-Stücke.		Holländ. 10 fl. Stücke.		Preuß. Friedrichsd'or.		Friedrichsd'or von Hannover und von Dänemark.		Ducaten.		Silber-Rubel.		Kronen-Thaler.		5 Francs-Stücke.		Preußischer Thaler.	
	fl.	kr.	fl.	kr.	fl.	kr.	fl.	kr.	fl.	kr.	fl.	kr.	fl.	kr.	fl.	kr.	fl.	kr.	fl.	kr.
1	11	48	9	20	9	48	9	55	9	40	5	36	1	50	2	42	2	20	1	45
2	23	36	18	40	19	36	19	50	19	20	11	12	3	40	5	24	4	40	3	30
3	35	24	28	—	29	24	29	45	29	—	16	48	5	30	8	6	7	—	5	15
4	47	12	37	20	39	12	39	40	38	40	22	24	7	20	10	48	9	20	7	—
5	59	—	46	40	49	—	49	35	48	20	28	—	9	10	13	30	11	40	8	45
6	70	48	56	—	58	48	59	30	58	—	33	36	11	—	16	12	14	—	10	30
7	82	36	65	20	68	36	69	25	67	40	39	12	12	50	18	54	16	20	12	15
8	94	24	74	40	78	24	79	20	77	20	44	48	14	40	21	36	18	40	14	—
9	106	12	84	—	88	12	89	15	87	—	50	24	16	30	24	18	21	—	15	45
10	118	—	93	20	98	—	99	10	96	40	56	—	18	20	27	—	23	20	17	30

Vergleichung
der
deutschen, englischen und französischen Münzen.

Namen der Münzen.	Süd-deutschland.		Preußen.		England.		Frankreich.	
	fl.	fr.	Thlr.	Sgr.	Shill.	Pence.	Frcs.	Cent.
Englischer Sovereign	11	48	6	22	20	—	25	8
20 Francs-Stück	9	20	5	10	15	7	20	—
Holländ. 10 fl.-Stück	9	48	5	18	16	4	21	—
Preußischer Friedrichsd'or . . .	9	55	5	20	16	6	21	25
Hannov. und Dän. Friedrichsd'or	9	40	5	16	16	1	20	75
Dukat	5	36	3	6	9	4	12	—
Russischer Silber-Rubel . . .	1	50	1	1½	3	1	4	—
Kronenthaler	2	42	1	16	4	6	5	75
5 Francs-Stück	2	20	1	10	3	11	5	—
Preußischer Thaler	1	45	1	—	2	11	3	75

www.ingramcontent.com/pod-product-compliance
Lightning Source LLC
Chambersburg PA
CBHW030349170426
43202CB00010B/1303